Garmisch-Partenkirchen

Zugspitze
2962 m

Zell a. See

Großglockner
3797 m

Meran/Merano

St. Moritz

Ortler/Ortles
3905 m

Cortina d'Ampezzo

3342 m

Marmolada/ Marmolata

Triglav/Tricorno
2863 m

Bled

Bernina
049 m

M. Adamello

Edolo

3539 m

Sch

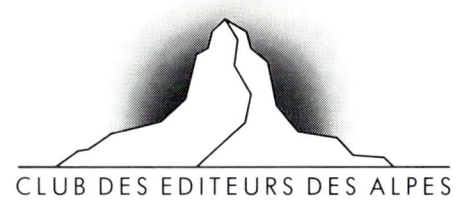

CLUB DES EDITEURS DES ALPES

Kümmerly + Frey, Bern
ISBN 3-259-08701-X

Priuli & Verlucca, editori, C.P. 245, Ivrea
(Torino)

Editions Glénat, Grenoble

Fotos: Willi P. Burkhardt

Text: Franz auf der Maur, Dr. Urs Walder
Traduction: Noëlle Aggery, Henri Daussy
Traduzione: Attilio Boccazzi-Varotto
Translation: Pamela Bryson

Fotolithos: Schwitter AG, Allschwil

Carte: extrait de la carte IGN au 1:50 000
(n° 3436), p. 36, reproduit avec l'autorisation n° 70-1069 de l'Institut Géographique
National du 4 août 1986.
Carte: estratti della carta nazionale su scala
1:50 000 resp. 1:100 000, p. 30, 52, 112, 114
e 130, riprodotti con l'autorizzazione n. 2475
dell'Istituto Geografico Militare Italiano in
data del 27 agosto 1986.
Karten: Ausschnitte aus der Landeskarte
Schweiz 1:50 000, S. 58, 70, 86, 96 und 106,
reproduziert mit Bewilligung des Bundesamtes für Landestopographie vom
10. Juli 1986. Kartengrundlage für S. 136:
Umgebungskarte «Werdenfelser Land» der
Topographischen Karte 1:50 000, Wieder-
gabe mit Genehmigung des Bayerischen
Landesvermessungsamtes München vom
17. Juli 1986, Nr. 6821/86. Ausschnitte aus
der Österreich-Karte 1:50 000, S. 148 und
164, vervielfältigt mit Genehmigung des
Bundesamtes für Eich- und Vermessungs-
wesen (Landesaufnahme) in Wien vom
17. Juli 1986, Zl. L 61 974/86.

Bilder: Großvenediger, Panoramen Großglockner und Zugspitze sind freigegeben
vom BMLV mit Zahl 13.088/142-1.6/86.

Gesamtherstellung: Kümmerly + Frey, Geographischer Verlag, Bern

© 1980, Kümmerly + Frey, Geographischer
Verlag, Bern

Printed in Switzerland

PANORAMA

ALPEN
ALPES
ALPI

WILLI P. BURKHARDT

Kümmerly+Frey

INHALTSVERZEICHNIS
SOMMAIRE
SOMMARIO

Piz Bernina (4049 m ü. M.) mit Biancograt, links Morteratschgletscher, rechts Tschiervagletscher. Flugaufnahme aus nördlicher Richtung, Flughöhe 3800 m.

Piz Bernina (4049 m); à gauche, glacier de Morteratsch; à droite, glacier de Tschierva. Photo aérienne prise en direction du nord. Altitude de vol 3800 m.

Piz Bernina col Biancograt. A sinistra il ghiacciaio del Morteratsch, a destra il ghiacciaio del Tschierva. Fotografia aerea presa da nord, da quota 3800 m.

deutsch

français

italiano

VORWORT
AVANT-PROPOS
PREMESSA

Da loben die Bergsteiger ihre menschenfeindlichen Aufstiegsrouten. Einzeln oder in der Teamkameradschaft unterwerfen sie sich den nackten Naturgesetzen und versuchen sie zugleich zu überwinden: im Erleben und Messen der eigenen Fähigkeiten mit der Hoffnung auf persönliche Bestätigung und Erfolg – das gibt Auftrieb! Die Bestätigung ergibt sich zum Beispiel beim Erreichen des Gipfels, wo die Mühen des Aufstiegs mit der Aussicht belohnt werden – für Nicht-Bergsteiger ist dies wohl der einzige Maßstab des Erfolgs. Die Aussicht ist deshalb für jedermann etwas Begehrenswertes, und sie verschafft das Erlebnis, zugleich wie ein Vogel Übersicht über die Welt zu haben und trotzdem noch mit den Füßen auf dem Boden der Erde zu stehen, verbunden mit ihren gewaltigen, urtümlichen Kräften, deren Ergebnis die Bergwelt ist.

Dieses Buch verfolgt das Ziel, eine breite Öffentlichkeit an diesem beglückenden Gipfelerlebnis teilhaben zu lassen. Der Fotograf W. P. Burkhardt hat sich der Welt der Berge mit ihren vielfältigen Landschaften seit Jahren mit Begeisterung verschrieben. Er kennt den Kampf mit den Naturkräften schon von seiner aktiven Alpinistenzeit her, und er hat immer wieder mit Hartnäckigkeit den Sieg über ihre Unberechenbarkeit gesucht, wenn er ihre Welt im Bild festhalten wollte, in den geliebten Alpen und im gigantischen Himalaya. Dazu brauchte es aber über die fachli-

De nos jours, les alpinistes mettent un point d'honneur à vaincre un milieu foncièrement hostile à l'homme; isolément ou en groupe, unis par les liens de la camaraderie, ils se plient aux lois et aux exigences de la nature, s'efforçant de les maîtriser à la mesure de leurs forces et de leurs aptitudes. L'espoir d'un succès confirmant la valeur de chacun est un puissant stimulant. Pour le grimpeur, l'instant où il atteint le sommet, l'immense panorama qui s'offre à ses yeux, voilà la récompense suprême de son effort. Dans l'optique du non-alpiniste, le spectacle que l'on découvre de la cime est, sans nul doute, l'unique critère de réussite; cette vision de l'univers alpin, objectif voulu et recherché par tous, donne à chacun l'impression de survoler le monde tout en gardant le contact avec la terre, de renouer avec les forces puissantes et primordiales qui furent à l'origine des plissements montagneux.

Cet ouvrage n'a d'autre but que celui de faire participer un large public à ce type d'expérience vécue et enrichissante. W. P. Burkhardt, réalisateur de la partie photographique de ce livre, s'est consacré avec enthousiasme, depuis de longues années, à l'exploration de la montagne et de ses paysages multiformes. Ayant lui-même pratiqué assidûment l'alpinisme, il sait ce qu'affronter les forces naturelles veut dire. Avec persévérance, il s'est inlassablement efforcé de vaincre ce qu'elles ont d'imprévisible et d'en res-

Ai giorni nostri gli alpinisti profondono tutto il loro impegno nel tentativo di vincere un ambiente forzatamente ostile all'uomo; da soli o in gruppo, uniti dal legame del cameratismo, si piegano alle leggi e alle esigenze della natura, e si sforzano di padroneggiarla in base alle loro forze e alle loro capacità. La speranza di un successo che confermi il loro valore è una molla potente. Per l'alpinista, il momento nel quale raggiunge la vetta è la ricompensa suprema ai suoi sforzi, cui s'aggiunge il godimento del panorama. Nell'ottica invece di chi non pratica la montagna, lo spettacolo che si scopre dalle cime è, senza dubbio alcuno, l'unico criterio per valutare il successo. La visione dell'universo alpino, obiettivo voluto e ricercato dalle due categorie summenzionate, offre a ciascuno l'impressione di volare sul mondo pur conservando il contatto con la terra, e consente di riannodare un rapporto con le potenti forze che furono all'origine dei rilievi montani.

Questo volume ha lo scopo di far partecipare un vasto pubblico a quel tipo di esperienze gratificanti. W. P. Burkhardt, che ne ha realizzato la parte fotografica, s'è dedicato con entusiasmo e per molti anni all'esplorazione della montagna nelle sue molteplici forme. Avendo praticato l'alpinismo, sa cosa vuol dire affrontare le forze della natura. Con perseveranza egli s'è instancabilmente prodigato per vincere le difficoltà ch'esse presentano e per coglierne, con la fotografia, gli aspetti

che Erfahrung hinaus noch eine gehörige Portion guter Ideen und den Sinn für die technische Machbarkeit, was dann in enger Zusammenarbeit mit der feinmechanischen Werkstätte Seitz, wo man sich seit langer Zeit schon mit der Entwicklung spezieller Panoramakameras beschäftigt hatte, reiche Früchte trug. Im Unterschied zur vorher schon mit großem Erfolg angewandten Weitwinkel-Panoramafotografie, mit der W. P. Burkhardt für Ausstellungen aufsehenerregende, bis 20 m lange 360°-Panoramen verwirklichen konnte, entstanden die hier wiedergegebenen Panoramen mit einer speziell entwickelten hängenden Rotationskamera, die vom über dem Gipfel schwebenden Helikopter aus fernbedient wird. Was hier so nüchtern klingt, ist jedesmal wieder eine Pioniertat, an deren Bewältigung immer auch der Pilot mit seinem fliegerischen Feingefühl wesentlichen Anteil hat. Wer schon auf einem Gipfel gestanden hat, weiß, daß hier die Winde ihre königliche Herrschaft ausüben: Verändert der Helikopter unter ihrem Einfluß etwas seine Lage, ist die soeben gemachte teure Aufnahme auch schon mißlungen!
Und nun überlassen wir Sie gern «Ihrem persönlichen Gipfelerlebnis» beim ruhigen Betrachten der Panoramen.

tituer l'image, tant dans les Alpes familières que dans l'immensité de la chaîne himalayenne. Pour cela, encore fallait-il posséder, outre une solide expérience professionnelle, une vive imagination créatrice et un sens aigu des possibilités techniques. L'étroite collaboration de W. P. Burkhardt avec les ateliers de mécanique de précision Seitz s'est révélée pleinement satisfaisante. Contrairement à la photographie panoramique à grand angle, utilisée avec succès par W. P. Burkhardt pour la réalisation, en vue d'expositions, de vues panoramique de 20 mètres de long sur 360°, c'est avec une caméra rotative suspendue, spécialement conçue et actionnée à distance depuis un hélicoptère survolant les cimes, que les photographies illustrant le présent ouvrage ont été prises. Ce qui paraît ici simple et évident représente en fait un véritable tour de force; en effet, si une telle tâche a pu être menée à bien, le mérite en revient, pour une large part, au pilote et à son habileté. Quiconque a jamais gravi un sommet sait, par expérience, que les vents y règnent en maîtres tyranniques et incontestés: il suffit que, sous leur poussée, l'hélicoptère change de position, pour qu'à peine réalisée, la prise de vue coûteuse soit déjà faussée. Le moment est maintenant venu de ressentir à votre tour l'ivresse des cimes en contemplant tranquillement les clichés panoramiques qui illustrent cet ouvrage.

più specifici sia riferiti alle Alpi che agli smisurati colossi himalayani. Per ottenere questi risultati è occorsa, oltre ad una solida preparazione professionale, anche una vivace immaginazione creativa e una spiccata capacità tecnica. La stretta collaborazione instaurata da Burkhardt con le officine di meccanica di precisione Seitz s'è rivelato pienamente soddisfacente. Contrariamente alla fotografia di panorami ottenuta con l'impiego di obiettivi grandangolari, tecnica utilizzata da Burkhardt con profitto per realizzare, in occasione di una mostra, una gigantografia lunga venti metri che copriva i 360°, le riprese fotografiche di questo volume sono state realizzate con una rotocamera, appositamente progettata ed azionata a distanza, sospesa ad un elicottero sorvolante le montagne. Quanto appare qui semplice, ha richiesto una grande massa di lavoro e di sforzi e, in effetti, se tale impresa ha potuto avere un buon esito, gran parte del merito va attribuito al pilota dell'elicottero e alle sue indubbie capacità. Chiunque abbia mai calcato una vetta sa, per esperienza diretta, che lassù i venti dominano quali padroni tirannici ed incontrastati; è dunque sufficiente che, sotto la loro spinta, l'elicottero perda la posizione perché le costose riprese appena realizzate risultino inutilizzabili. Ma è ora giunto il momento di provare a vostra volta l'esaltazione che le cime sanno dare, pur contemplandole in tutta tranquillità su questi panorami.

EINLEITUNG
INTRODUCTION
INTRODUZIONE

Die grundsätzliche Lebenserfahrung mit der dritten Dimension ist uns, den Bewohnern oder Besuchern des Alpenraumes, in um so markanterer Weise immer im Bewußtsein, als die Alpen ein großes Gebirgssystem von europäischer Bedeutung sind, das aus einem Meer von Hochgebirgsgipfeln, Bergketten und darin eingetieften Talsystemen besteht – einem Meer, das man nur noch aus kartographischer Distanz mit kleinem Maßstab oder mit Hilfe der neuen Satelliten-Bildtechnik

überschauen kann. Die Gipfelfolge zieht sich immerhin auf einer Länge von rund 1000 km zwischen Nizza und Wien dahin und weist eine größte Breite von rund 250 km zwischen den Allgäuer Alpen und dem südlichen Gardasee auf. In der scheinbar wilden Anhäufung von Bergen verstecken sich aber groß angelegte Ordnungsprinzipien, die zwar oft sehr schwer oder manchmal auch noch gar nicht im einzelnen erklärbar sind. Die Prinzipien betreffen zum Beispiel die

Anordnung von Oberflächenformen, den geologischen Aufbau, die Vegetationszonen, die Besiedlung, die Nutzungszonen, die Anlage von Verkehrswegen, häufig wiederkehrende Verteilungsmuster und Typen von Wolken usw.
Über ihre Bedeutung für Europa hinaus sind die Alpen auch in weltumspannende Zusammenhänge verknüpft; damit ist gemeint, daß sie als Teil einer übergeordneten Vernetzung von Gebirgen gelten können. Es betrifft

L'expérience fondamentale de la troisième dimension est, pour ceux qui vivent dans l'univers alpin, toujours présente dans le conscient. Les Alpes, immense système montagneux d'une très grande importance à l'échelle européenne, sont comparables à un immense ensemble de hautes montagnes, de chaînes et de vallées tellement vaste que seules les cartes géographiques ou le recours aux nouveaux procédés utilisant des satellites peuvent en restituer une vision globale.

Les chaînes alpines s'étirent sur une distance supérieure à mille kilomètres entre Nice et Vienne; leur plus grande largeur: 250 kilomètres se situe entre les Alpes de l'Allgäu et la rive méridionale du lac de Garde. De l'entassement, en apparence chaotique, des montagnes se dégage un certain nombre de règles générales, un ordre parfois difficile à saisir et à identifier, voire même en grande partie indéfinissable dans ses détails. Ces règles s'appliquent notamment à la répartition des

formes du relief, à la structure géologique, aux étages de végétation, au peuplement, aux zones utiles, à l'aménagement de voies de communication, à la nature des formations nuageuses et à leur répartition.
Outre l'importance qu'elles présentent pour l'Europe, les Alpes font également partie intégrante d'un immense système de massifs montagneux qui forme comme une trame à la surface du globe. Ce système englobe l'ensemble des montagnes de l'ère tertiaire,

L'esperienza fondamentale della terza dimensione è sempre presente nella coscienza di chi vive a contatto dell'universo alpino. Le Alpi, immenso sistema montuoso di primaria importanza per l'Europa, sono paragonabili ad un complesso assai vasto di alte montagne, catene e valli, valutabile soltanto mediante il ricorso alle carte geografiche o con l'ausilio dei moderni satelliti, che ne possono dare una visione globale. La catena alpina si estende per una distanza superiore ai mille

chilometri, da Nizza a Vienna; il loro punto più largo tocca i 250 km e si trova tra le Alpi dell'Allgäu e la sponda meridionale del Lago di Garda. Nell'ammasso in apparenza caotico delle montagne si riconoscono un certo numero di regole generali, un ordine talvolta difficile da cogliere ed identificare e, in un gran numero di particolari, difficile pure da definire. Queste regole si applicano in specie alla divisione delle forme dei rilievi, alla struttura geologica, ai livelli della vegetazione, al

popolamento, alle aree coltivabili, alla manutenzione delle vie di transito, alla natura delle formazioni nuvolose e alla loro ripartizione. Così importanti per l'Europa, le Alpi sono parte di un grandissimo sistema di massicci rilevati che formano una trama attorno al mondo intero. Quel sistema comprende le montagne dell'era terziaria, quindi giovani e presentanti caratteristiche alpine, che collegano le Alpi stesse all'Himalaya passando attraverso il Caucaso; esse proseguono tra-

dies die sogenannten tertiären, jungen oder auch alpinen Gebirge, die sich von den Alpen über den Kaukasus bis zum Himalaya und weiter zu den Gebirgen Südostasiens, Japans und Ostsibiriens quer durch ganz Asien erstrecken, sich anschließend aber über die Beringstraße hinweg nach Nord-, schließlich nach Südamerika hinziehen, wo sie in Form der Kordilleren auf der Westseite der beiden amerikanischen Kontinente auftreten mit Ausläufern bis in die Antarktis.

Auch Australien und Neuseeland besitzen Ausläufer, und von den Alpen west- und südwärts besteht ein Zusammenhang in der Gebirgskette mit den Pyrenäen und dem Atlas einerseits, mit dem Apennin und dem Dinarischen Gebirge andererseits.
Alter ist immer relativ, sagt man. So verhält es sich auch mit dem Alter unserer Alpen: Ihr tertiäres Alter ist – gemessen in Menschengenerationen – mit rund 20 bis 40 Millionen Jahren seit ihren Hauptentstehungsphasen

enorm, jedoch ist ihr Wesen und ihre Erscheinung erfrischend jugendlich und voller kontrastreicher Spannungen, die aus dem geringen Alter – bemessen nach geologischen Zeiträumen und der Geschwindigkeit geologischer Vorgänge – erklärbar sind; was sind schon diese Millionen Jahre gegenüber den mehreren Milliarden, die die Erde alt ist …
Wer Berge bisher entsprechend dem Volkslied als ewig und unverrückbar betrachtet

jeunes et présentant des caractéristiques alpines, qui relient les Alpes à l'Himalaya par le Caucase, se poursuivent à travers le continent asiatique par les chaînes de l'Asie du sud-est, du Japon et de la Sibérie orientale et qui, au-delà du détroit de Béring, se prolongent dans l'Amérique du Nord puis en Amérique du Sud sous forme de cordillères avec des ramifications jusque dans l'Antarctique. L'Australie et la Nouvelle-Zélande constituent, elles aussi, des extensions de cet en-

semble à l'échelle du globe. Les Alpes occidentales et méridionales sont, elles aussi, reliées aux Pyrénées et à l'Atlas d'une part, aux Apennins et aux Alpes dinariques de l'autre. L'ancienneté est une notion fragile et relative et il en va de même de celle du massif alpin. Même si son âge est, mesuré à l'échelle des générations, considérable puisqu'on l'estime entre 20 et 40 millions d'années, la géologie des Alpes et leur apparence sont celles de montagnes jeunes riches de tensions et de

contrastes. Cette jeunesse s'explique si l'on tient compte des périodes géologiques et du lent déroulement des phénomènes physiques. Que représentent, en fait, quelques millions d'années par rapport aux milliards d'années qui se sont écoulés depuis l'aurore du monde?
Quiconque considère la montagne, à la manière des chansons populaires, comme éternelles et immuables, s'interroge, tôt ou tard, sur leur origine et sur leur croissance. Sa

versando il continente asiatico con le catene del sud-est, del Giappone e della Siberia orientale e, al di là dello Stretto di Bering, si prolungano dapprima nell'America del nord e poi in quella del sud sotto forma di Cordigliera, con ramificazione fino all'Antartico. L'Australia e la Nuova Zelanda costituiscono anch'esse delle estensioni di quel sistema a scala mondiale. Le Alpi occidentali e orientali sono altresì collegate, rispettivamente, ai Pirenei e ai monti dell'Atlante, agli Appenni-

ni e ai Balcani. L'antichità in geologia è un concetto fragile e relativo, specie quando si tratta di massicci montuosi: anche se la loro età pare considerevole se confrontata ai cicli generazionali umani essendo stimata tra i 20 e i 40 milioni di anni, l'aspetto delle Alpi è quello di montagne giovani e ricche di tensioni e contrasti. Questa loro gioventù si spiega se si tiene conto dei periodi geologici e della lenta evoluzione dei fenomeni fisici. Cosa rappresentano, in effetti, alcuni milioni

d'anni rispetto ai miliardi d'anni trascorsi dal primo mattino del mondo? Chiunque voglia valutare la montagna, secondo i canoni dei canti popolari, quali entità eterne ed immutabili, prima o poi si interrogherà sulla loro genesi ed evoluzione. La reazione sarà forse simile a quella avuta da uno dei miei figli che, mentre stavamo ammirando assieme da un alto belvedere l'infinito degradare delle cime, mi chiese: «Papà, è vero che è stato Dio a creare le montagne?» Sconcertato, mi trassi

hat, dem muß sich jetzt zwangsläufig die Frage nach ihrer Herkunft und Entwicklung aufdrängen. Vielleicht ergeht es Ihnen wie mir, als eines meiner Kinder – beim gemeinsamen Betrachten der endlos hintereinander gestaffelten Bergkulissen von einem Aussichtspunkt aus – fragte: «Paps, hat der liebe Gott die vielen Berge gemacht?» Etwas hilflos ausweichend gab ich von mir: «Weißt du, eigentlich kommen diese Berge aus dem Meer» und verursachte damit natürlich un-

gläubiges Staunen. Zur Bekräftigung dieser kühnen Behauptung gelingt es uns vielleicht, an geeigneter Stelle aus dem richtigen Gestein versteinerte Meeresmuscheln und -schnecken, Ammoniten, Foraminiferen, Korallenkalkstücke und anderes herzuzaubern. Die ehemaligen Korallenriffe, an deren Aufbau vor vielleicht 200 bis 100 Millionen Jahren Myriaden von Korallentierchen gearbeitet haben, aber auch all die andern kalkigen, tonigen, mergeligen, dolomitischen,

kieseligen Ablagerungen, die in den Meeresbecken zwischen die ehemaligen Kontinente zu liegen kamen, wurden unter dem hohen Druck laufend nachfolgender Ablagerungen auf chemisch komplizierte Weise zu Stein umgewandelt. Diese Vorstellung ist schon fast dem Zauberbecher entliehen, der sich laufend selbst wieder nachfüllt! Solche gewaltigen, stellenweise viele Tausende von Metern mächtigen Ablagerungen konnten nur vor sich gehen, wo der Meeresboden im

réaction sera peut-être proche de celle d'un de mes enfants qui, alors que nous regardions ensemble du haut d'un belvédère le moutonnement à l'infini des cimes et des sommets, me demanda: «Papa, est-ce bien le bon Dieu qui a créé les montagnes?» Interloqué, je me tirai d'embarras par un subterfuge: «Et toi, sais-tu que ces montagnes sont sorties de la mer?» qui provoqua, chez mon fils, stupéfaction et incrédulité.
La présence, sur certains sites et dans cer-

tains formations rocheuses, de coquilles fossiles de moules et d'escargots de mer, d'ammonites, de foraminifères et de débris de coraux confirme effectivement l'origine marine des massifs montagneux. Les anciens récifs coralliens édifiés il y a cent ou deux cent millions d'années par des myriades de madrépores et les sédiments calcaires, argileux, marneux, dolomitiques ou siliceux qui s'étaient peu à peu déposés dans les cuvettes océaniques séparant les continents primai-

res subirent l'énorme pression des sédimentations ultérieures et furent transformés en pierre au terme d'un processus chimique complexe. Cette conception n'est pas sans évoquer le gobelet magique du prestidigitateur qui se remplit sans cesse par lui-même. De tels dépôts sédimentaires de plusieurs milliers de mètres d'épaisseur n'ont pu se constituer que dans les zones d'affaissement des fonds océaniques. Mais, auparavant et à la période du Trias, il y a 200 millions d'an-

d'impaccio con un sotterfugio: «E tu, lo sai che le montagne sono sorte dal mare?» Risposta che produsse nel bambino incredulità e stupore.
La presenza, in alcune zone e su certe formazioni rocciose, dei carapaci fossili di mitili, di lumache marine, di ammoniti, di foraminiferi e di frammenti corallini, conferma effettivamente l'origine marina dei massicci montani. Le barriere coralline edificate 100 o 200 milioni d'anni fa da miriadi di madrepore, come

pure i sedimenti calcarei, argillosi, marnosi, dolomitici o silicei depositatisi col tempo nei bacini oceanici che separavano i continenti primordiali, subirono pressioni enormi dalle sedimentazioni successive e furono trasformate in roccia a seguito di un processo chimico assai complesso. L'evolversi di tali azioni richiama alla mente il cilindro di un prestigiatore, sempre vuoto ma sempre pieno di oggetti che appaiono dal nulla. I depositi sedimentari, che raggiungono talvolta

parecchie migliaia di metri di spessore, poterono formarsi nelle zone più infossate del fondo marino, ma prima e durante il Trias, ossia 200 milioni d'anni fa all'incirca, la massa continentale primitiva si divise in enormi piastre e andò alla deriva. Si formarono però, tra il continente nord (l'antica Eurasia) e il continente sud (l'Africa e l'Asia meridionale) numerosi bacini di mari scaglionati nel tempo e nello spazio: il cosiddetto Tetide, l'oceano primordiale. La sua posizione rispetto alle

Absinken begriffen war: Die vorher noch zusammenhängenden Kontinente zerbrachen während der Triaszeit (vor etwa 200 Millionen Jahren) und drifteten auseinander, so daß sich zwischen dem «Nordkontinent» (altes Eurasien) und dem «Südkontinent» (altes Afrika–Südasien) mehrere, zeitlich und räumlich hintereinandergereihte Meeresbecken bildeten, die zum sogenannten Tethysmeer gehörten. Ihre Lage zu den Festländern im Norden und Süden und ihre verschiedene Meerestiefe ließen Ablagerungen von stark wechselndem Charakter entstehen.

Das Werden des Gebirges aus dem Boden des Tethysmeeres heraus setzte vom Rand des Südkontinents her vor etwa 100 Millionen Jahren (im Lauf der Kreidezeit) ein, weil sich der rund 1000 km breite Meeresarm als Folge des Nordwärtswanderns von «Afrika» einzuengen begann. Dabei wurden Teile des Meeresbodens vom wandernden Kontinent überfahren und in den Erdmantel gedrückt, andere Teile wurden aufgefaltet und übereinandergestapelt: der Anfang des Deckenbaus der zukünftigen Alpen. Diese Vorgänge erfaßten mit der Zeit das gesamte Meeresbecken. Dabei kamen im wesentlichen die südlichen Teile (die späteren Ost- und Südalpen) über die mittleren, vorwiegend tiefseeischen Ablagerungen zu liegen (spätere «penninische Alpen» v. a. im zentralen Teil der Westalpen) und

nées environ, la masse continentale initiale se scinda en plusieurs plaques et se mit à dériver; ainsi se forma, entre le continent nord (l'ancienne Eurasie) et le continent sud (Afrique et Asie méridionale), une succession, sur le double plan de l'espace et de la chronologie, de dépressions qui faisait partie du Téthys, l'océan primordial. Sa situation par rapport aux masses continentales du nord et du sud et les différences de profondeur favorisèrent l'accumulation de sédiments de toutes sortes. Il y a cent millions d'années environ, la formation des montagnes à partir du fond du Téthys s'effectua à partir de la bordure du continent sud. C'est là qu'à la suite du glissement vers le nord de la plaque continentale africaine un bras de mer d'un millier de kilomètres de large commença à se fermer progressivement. Certaines parties du sol océanique furent alors chevauchées par le continent en dérive, enfoncées et repoussées vers le manteau; d'autres étaient soumises à des plissements et à des superpositions. Ainsi débuta la surrection de la future chaîne alpine. Avec le temps, le double phénomène de rétraction et de compression affecta la totalité des fonds océaniques. A cette époque, les régions méridionales (futures Alpes de l'est et du sud) se superposèrent, en règle générale, aux zones médianes constituées principalement de dépôts sédimentaires (les futures Alpes pennines), dans la partie centrale des Alpes oc-

masse continentali e le differenti profondità favorirono l'accumulo di sedimenti d'ogni genere. La creazione delle montagne iniziò circa 100 milioni d'anni fa, e prese le mosse dai fondali del Tetide, ai margini del continente meridionale. Uno spostamento progressivo verso settentrione della piastra continentale africana produsse il restringimento di un braccio di mare valutabile in mille chilometri di larghezza. Durante tale spostamento alcune parti del fondo marino furono sepolte dal continente in movimento, dapprima affossate e poi respinte verso la superficie; altre subirono invece dei corrugamenti e delle sovrapposizioni. Iniziò così la formazione della futura catena alpina. Con il tempo, il doppio fenomeno della contrazione e della compressione interessò la totalità del fondo oceanico. Alla stessa epoca le regioni nelle quali sorgeranno le future Alpi orientali e meridionali si sovrapposero, come regola generale, alla zona mediana costituita principalmente da depositi sedimentari, le future Alpi Pennine. Quelle due stratificazioni ricoprirono a loro volta le rocce sedimentarie settentrionali, le future Alpi svizzere e il Delfinato, ad ovest e a nord delle Alpi occidentali, che si trovavano allora al margine meridionale del continente boreale.

L'immagine dei corrugamenti che sconvolsero la superficie terrestre, mi ricorda un antico professore di geologia il quale, per illustrare in modo tangibile quel genere di feno-

diese gemeinsam wieder über die nördlichen Ablagerungen (spätere «helvetische» und «Dauphinois»-Alpen in den nördlichen und westlichen Westalpen), die am Südrand des Nordkontinents gelegen hatten. Diese Vorstellung der zusammengequetschten Erdoberfläche läßt mich immer an meinen Geographielehrer denken, der zwecks modellhafter Veranschaulichung mit weitausholender, großartiger Armbewegung einen auf dem Tisch flach ausgebreiteten Tafellap-

pen in eine jämmerliche Faltenwurst zu verwandeln pflegte. Für uns Schüler war dies dankbarer Anlaß zum Witzeln, aber spätestens bei der nächsten Geographieprüfung wich unsere Heiterkeit unsicherer Beklommenheit, wenn wir die Zusammenhänge von Grund auf begreifen sollten. In der Tat ist eine derartige Gebirgsbildung viel komplizierter, als man es mit jedem noch so gut ausgedachten Modell zeigen könnte, und es sind trotz aller Fortschritte der Alpengeolo-

gie in den letzten Jahren noch viele Fragen offen.
Die schwungvolle Armbewegung unseres Lehrers war stellvertretend für irgendwelche geheimnisvollen Kräfte, die den Zusammenschub bewirkten. Heute kennt man Hinweise darauf, daß im plastischen Erdmantel unter der Erdkruste Konvektionsströmungen existieren müssen, die die obenauf schwimmenden Kontinentalplatten mit sich ziehen. In die Tiefe gerichtete Strömungen lassen

cidentales. Ces deux couches recouvrirent à leur tour les roches sédimentaires septentrionales (futures Alpes «helvétiques» et de type Dauphinois) dans l'ouest et le nord des Alpes occidentales qui se trouvaient alors sur la bordure méridionale du continent boréal.
Cette définition des plissements qui affectent le relief terrestre me rappelle un ancien professeur de géographie qui, pour illustrer sous une forme tangible ce genre de phénomène, transformait, d'un geste large et théâ-

tral, le chiffon du tableau noir posé sur une table en une sorte de «saucisse» plissée dans tous les sens, d'aspect piteux et lamentable. Pour nous autres, écoliers, cette démonstration était l'occasion de pouffer de rire. Or, lors du prochain cours, notre hilarité se transforma quelque peu en angoisse car nous avions entre temps, compris ce à quoi le maître faisait allusion. Mieux qu'une maquette aussi bien réalisée qu'elle soit, le chiffon plissé illustrait un phénomène géologique

extrêmement complexe. En dépit des progrès effectués ces dernières années dans le domaine de la géologie alpine, nombre de questions demeurent sans réponse. Le geste large et dynamique du professeur avait pour but de matérialiser les mystérieuses poussées qui sont à l'origine des mouvements et des phénomènes orogéniques. Il est désormais établi que, sous la croûte terrestre et à l'intérieur du manteau à consistance visqueuse, des courants de convection entraî-

meni, con un gesto largo e teatrale trasformava lo strofinaccio della lavagna disteso sulla cattedra in una «salsiccia» spiegazzata in tutti i sensi, conferendo alla stoffa un aspetto penoso e miserando. Per noi studenti, era quella un'occasione per fare una bella risata. L'ilarità si trasformava in sottile angoscia quando eravamo poi chiamati a sostenere l'esame e dovevano spiegare i fenomeni legati all'evoluzione geologica. Quello straccio tutto stropicciato illustrava un processo

geologico molto complesso assai meglio di un qualsiasi modellino.
Malgrado i buoni progressi registrati negli ultimi anni nel campo della geologia alpina, molti problemi non hanno ancora trovato risposta. Il gesto largo e dinamico di quel professore aveva lo scopo di materializzare le spinte misteriose che sono state all'origine dei movimenti e dei fenomeni orogenetici. È ormai accertato che, all'interno del mantello terrestre, sotto la litosfera, esistono delle cor-

renti convenzionali che trascinano le piastre continentali galleggianti alla superficie. Sprofondando nel sima, ossia nel livello inferiore della litosfera, altre correnti provocano la caduta di alcune parti della crosta terrestre e danno origine, in prossimità dei margini delle piastre continentali, ad accavallamenti che sono l'esatto contrario degli infossamenti profondi dell'oceano, testimoniati, in tutti i mari del mondo, dalle fosse che circondano le terre emerse. Il fatto che rocce com-

dabei Krustenteile zusammenprallen, wobei es an den Kontinentalrändern zum Überfahren und Absinken des Ozeanbodens kommt. Die heute in den Weltmeeren nahe dem Festland gelegenen Tiefseegräben sprechen auch diese Sprache.
Die Vorstellung, daß Tausende Meter übereinanderliegendes hartes Gestein zusammengefaltet wurden, ist allein schon ungeheuerlich. Dabei wurden auch riesige Gesteinskörper auseinandergerissen, von der Unterlage abgeschert und als Deckenelemente über letztere hinweg weit nach Norden verschoben, oder sie rutschten an den entstehenden randlichen Gebirgsabhängen in die benachbarten Restbecken des Meeres, wo sie abermals in die fortschreitende Auffaltung hineingerieten (Flyschgestein).
Jeder Alpenwanderer kann erkennen, daß nicht nur Sedimentgesteine die Berge aufbauen, sondern auch eine große Vielfalt kristalliner Gesteine. Sie stammen alle aus größerer Tiefe der Kruste und haben sehr verschiedenartige, spannende Entstehungsgeschichten zu erzählen. Hierbei ist die Gesteinsgruppe zu nennen, in die zum Beispiel die allbekannten Granite gehören, die während intensiver Phasen der Gebirgsbildung als flüssiges Magma von unten in die Kruste eingedrungen und tief in ihr langsam erstarrt sind. Dabei hatten die den Stein aufbauenden Mineralien Zeit, sich grobkörnig zu bilden. Je schneller die Abkühlung vor sich

nent les plaques continentales qui flottent à leur surface. S'enfonçant en profondeur dans le sima, d'autres provoquent le choc de certaines parties de la croûte terrestre; ces heurts sont à l'origine, en bordure des plaques continentales, de surrections ou, au contraire, d'affaissements des fonds océaniques dont témoignent les fosses profondes qui, dans toutes les mers du globe, longent les terres émergées. Le fait que des roches compactes et superposées sur plusieurs milliers de mètres d'épaisseur puissent être plissées paraît inconcevable. Une masse énorme de matière rocheuse arrachée au substratum et poussée en direction du nord recouvre progressivement la couche précédente ou glisse le long des montagnes sous-marines en cours de formation et s'accumule dans les bassins résiduels voisins des océans primaires. Là, elle est, une nouvelle fois, soumise au processus continu de plissement (formation du flysch). Tout ami des montagnes sait, par expérience, que les montagnes ne sont pas faites seulement de roches sédimentaires mais aussi d'une grande variété de roches cristallines; issues des couches profondes de l'écorce terrestre, elles racontent une très longue histoire et leur génèse est à la fois multiple et captivante. Tel est le cas des roches de la famille du granite qui, au cours des phases intensives de l'orogénèse, s'infiltrèrent à l'état de magma visqueux dans la croûte terrestre où elles se sont refroidies et

patte e giustapposte, con spessori di molte migliaia di metri, possano essere state piegate, pare inconcepibile. Una massa enorme di materiali rocciosi, strappata al sostrato e spinta in direzione nord, ricoprì progressivamente gli strati precedenti o scivolò lungo i rilievi sottomarini in via di formazione per accumularsi nei bacini residui prossimi agli oceani primordiali. Lì, quella massa fu una volta ancora sottomessa al processo continuo del corrugamento (flysch).
Tutti gli appassionati di montagna sanno, per esperienza, che i monti non sono formati soltanto di rocce sedimentarie, ma anche da una grande varietà di rocce cristalline; scaturite dagli strati profondi della superficie terrestre, esse hanno una storia molto lunga da raccontare e la loro genesi è, contemporaneamente, interessante e varia. È il caso delle rocce appartenenti alla famiglia dei graniti che, nel corso delle fasi estensive dell'orogenesi, si infiltrarono sotto forma di magma vischioso nella parte esterna del manto terrestre, dove si raffreddarono e solidificarono. I minerali che le hanno formate si cristallizzarono poco alla volta in forma granulosa: quanto più il raffreddamento fu rapido, tanto più i cristalli furono fini. Quelle rocce, dette di profondità, provenivano dagli «Inferi», il regno di Plutone, e sono state perciò chiamate «plutoniane». Un altro gruppo, molto importante e polimorfo, è quello degli scisti cristallini che hanno la particolarità di essere dispo-

ging, um so feinkörniger sind die Mineralien. Da diese Tiefengesteine gleichsam im Reich der Unterwelt – «bei Pluto» – entstanden sind, werden sie auch Plutonite genannt. Eine zweite, sehr wichtige und äußerst vielgestaltige Gruppe sind die kristallinen Schiefer, die als gemeinsame Eigenschaft gewisse Mineralbestandteile besitzen, die mit ihrer Längsachse aufeinander ausgerichtet sind. Solche Steine weisen deshalb in einer Richtung relativ gute Spaltbarkeit auf, sind also «schiefrig», was zu baulichen Zwecken häufig ausgenützt wird. Ein allgemein bekanntes Gestein dieser Art, bei dem die schwarzen Glimmerplättchen (Biotit) deutlich ausgerichtet sind, ist der Gneis. Die gerichteten Mineralplättchen verraten uns ein grundsätzliches Geheimnis: Das Gestein war bei seiner letztgültigen Prägung, der sogenannten Metamorphose («Umwandlung»), besonders starken Druckkräften und hohen Temperaturen ausgesetzt; «letztgültig» deshalb, weil die Gesteine dieser Kategorie schon vor der Metamorphose als Ablagerungs-, Tiefen- oder bereits schon metamorphes Gestein bestanden hatten. Die äußerst große Vielfalt der Metamorphen ist demnach verständlich, und in ihrer Gegend findet man eigentümliche Mineralien.

Das Verständnis der Alpenbildung wird nun über die Vorstellung des «ausgequetschten Meeres» hinaus noch wesentlich kompliziert durch die Beobachtung, daß in großen, vor-

solidifiées. Les substances minérales qui les constituent se sont peu à peu cristallisées sous forme granuleuse; plus le refroidissement a été rapide, plus la cristallisation est fine. Ces roches, dites de profondeur, qui proviennent des «Enfers», domaine de Pluton, portent le nom de «plutonites». Un autre groupe, très important et d'une extrême diversité, est celui des schistes cristallins qui tous possèdent la particularité d'être feuilletés et renferment certains composants minéraux; la stratification du schiste se prête facilement au clivage et justifie leur utilisation dans la construction. Le gneiss dans lequel les plaquettes de mica noir (biotite) sont disposées en lits réguliers est une roche de même type. Ces dispositions révèlent une particularité: lors de leur ultime phase de métamorphose, ces roches ont été soumises à des pressions intenses et à d'énormes températures; l'adjectif «ultime» est utilisé ici pour indiquer que les roches de cette catégorie constituaient déjà, avant cette dernière métamorphose, des roches sédimentaires, des roches de profondeur ou même métamorphiques. La multiplicité des métamorphoses n'a pas d'autre origine et c'est au voisinage de ces formations que l'on trouve de curieux minéraux.

Le mécanisme de la «rétraction océanique» n'explique pas, à lui seul, la formation des Alpes; le processus est plus compliqué car, dans d'importants secteurs centraux de la

sti secondo piani paralleli e di racchiudere alcuni componenti mineralogici; la stratificazione degli scisti si presta allo sfaldamento secondo quei piani paralleli già citati ed è perciò utilizzabile nell'edilizia. Una tipica e nota roccia di tal genere, nella quale le lamelle di micascisti nere, la biotite, sono allineate regolarmente, è lo gneiss. Queste disposizioni rivelano una particolarità: durante l'ultima fase della loro metamorfosi quelle rocce furono sottoposte a pressioni intense e a temperature enormi; il termine «ultima fase» è stato qui utilizzato per indicare che le rocce di quella categoria esistevano già, prima dell'ulteriore metamorfosi, sotto forma di rocce sedimentarie, rocce plutoniane o rocce metamorfiche. La grande varietà di rocce metamorfiche è dovuta a tali origini ed è nelle loro vicinanze che si trovano spesso i minerali più singolari.

Il meccanismo del rivolgimento oceanico non spiega però, da solo, la formazione delle Alpi; il processo fu assai più complicato perché, in importanti settori al centro della catena, rocce cristalline e metamorfiche parteciparono all'edificazione del massiccio. Sedimenti d'origine marina sono stati interessati dal sollevamento, enormi masse strappate al sostrato cristallino degli antichi continenti e certe parti dello zoccolo oceanico sono state incorporate nella copertura montagnosa. La metamorfosi si verificò in seguito alle enormi pressioni e alle alte temperature sviluppatesi

wiegend zentralen Teilen der Alpen kristalline Gesteine der beiden genannten Hauptgruppen am Aufbau der Berge beteiligt sind. Tatsächlich wurden nicht nur die Meeressedimente zu Gebirgsdecken aufgetürmt, sondern es wurden auch große Stücke ihrer kristallinen Unterlage – Sockelteile der alten Kontinente und Stücke der Ozeankruste – in die Decken eingewickelt. Die Voraussetzung für ihre Metamorphose war gegeben durch die enormen Druckkräfte und die ho-

hen Temperaturen, die in den Tiefen der sich faltenden Erdkruste wirkten. Des weitern drangen junge Plutonite in riesige Kluftsysteme der sich aufbauenden Erdkruste ein, wo sie sich breitmachten und erstarrten. Wie die Zeitdimension in der Entstehung der Alpen zu bemessen ist, zeigt sich darin, daß im Alpenkörper rückgratartig harte kristalline Massive auftauchen, die bereits schon Bestandteile eines wesentlich älteren großen Gebirgssystems gewesen sind, das längst vor

der Alpenbildung bereits wieder abgetragen worden war. Dies betrifft das sogenannte herzynisch-variskische Gebirge, aufgefaltet in der Karbonzeit während des Paläozoikums (Erdaltertum) vor rund 270 Millionen Jahren. Die kristallinen Massive jener Zeit wurden demnach in den Alpen ein zweites Mal in ein Gebirgssystem eingebaut und, soweit sie heute wieder an die Oberfläche treten, abermals «herausgeschält». Gewissermaßen in wiedererstandener junger Form harren sie ih-

chaîne, des roches cristallines éruptives et métamorphiques ont participé à l'édification des massifs. Des sédiments d'origine marine ont été affectés par la surrection, d'énormes masses arrachées au substratum cristallin des anciens continents et certaines parties au socle océanique ont été incorporées à la couverture montagneuse. Les énormes pressions et les températures élevées dans les profondeurs de la croûte terrestre en cours de plissement remplissaient les conditions in-

dispensables à la transformation métamorphique. Des quantités considérables de plutonite s'infiltraient par ailleurs dans le réseau de failles et de crevasses de l'écorce terrestre en formation qu'elles comblaient en se refroidissant. La chronologie de la génèse de l'arc alpin révèle que, bien avant le début de la surrection alpine, des massifs de roches cristallines formaient déjà une sorte de colonne vertébrale; ils appartenaient à un système montagneux différent et nettement

plus ancien que l'érosion avait usé et démantelé. Cette formation antérieure qui porte le nom de «chaîne hercynienne ou variscique» remonte au carbonifère et à la période paléozoïque, soit à 270 millions d'années environ. Les roches cristallines hercyniennes furent ainsi intégrées à un nouveau système montagneux; dans la mesure où elles apparaissaient à la surface du relief, elles furent à nouveau vigoureusement attaquées par l'érosion et «décortiquées». Sous une forme désor-

nelle profondità della litosfera durante le fasi di corrugamento. Inoltre, giovani plutoniane effusero in sistemi di fessure che si erano andati formando in seguito all'accavallarsi della crosta terrestre, ch'esse colmarono dopo il raffreddamento. La cronologia della genesi dell'arco alpino rivela che, molto tempo prima della formazione, masse di rocce cristalline ne formavano già una sorta di spina dorsale; esse appartenevano ad un sistema montagnoso diverso e nettamente più antico

intaccato dall'erosione fino alla distruzione. Quella formazione precedente porta il nome di «catena varisco-erciniana» e risale al periodo carbonifero sviluppatosi durante il paleozoico, ossia 270 milioni d'anni fa. I massicci cristallini di quell'era furono pertanto integrati una seconda volta nel sistema montagnoso delle Alpi e, nella misura in cui tornarono in superficie, subirono un nuovo vigoroso attacco dall'erosione. Sotto una nuova forma ringiovanita, esse attendono la

prossima fase di quel processo di nascita e morte alla quale siamo tutti ugualmente sottoposti, mentre l'uomo, prigioniero della sua ottica ristretta e delle sue prospettive limitate, le considera eterne ed immutabili.
Conoscendo l'estrema diversità dei materiali che hanno concorso a formare le montagne, l'alpinista si pone numerosi problemi. Come poterono emergere alla superficie le rocce cristalline racchiuse nelle profondità delle componenti tettoniche costituenti oggi il pa-

rer erneuten Abtragung: eine Offenbarung des Zyklus von Werden und Vergehen der aus unserer beschränkten Alltagsperspektive als unveränderlich empfundenen Teile der Welt. Der Alpenwanderer, der die Verschiedenartigkeit des Baumaterials der Alpen erkennt, muß sich jetzt fragen: Wie konnten denn die in den Tiefen der Deckenelemente eingewickelten kristallinen Gesteine an die Oberfläche gelangen, wo sie heute die Gebirgslandschaft bilden? Wie kommt es überhaupt, daß wir um den Schalenbau des Gebirges wissen, wo doch die Schalen offenbar übereinanderliegen? Während die Überschiebungen der Decken noch weitgehend untermeerisch vor sich gingen, entstand das wirklich als Gebirge in die Höhe strebende Gebilde erst am Ende seiner Schöpfungsgeschichte: In einer letzten wichtigen Phase wurde der Gebirgskörper in die Höhe gehoben, und sogleich begann eine kräftige Abtragung der am stärksten gehobenen Gebirgsteile entsprechend einem fast biblisch anmutenden Gesetz: Was sich erhöht, wird erniedrigt werden... Die zentralen und die westlichen Teile der Alpen wurden dabei weitaus am stärksten gehoben, so daß die Abtragung in diesen Regionen die tiefsten Bestandteile erreichte. Deshalb haben wir hier den am weitesten zurückreichenden Kontakt mit der Vergangenheit.

Die auf dem zwiebelschalenartig aufgedeckten Bauplan der Alpen basierende Abgren-

mais rajeunie, elles attendent désormais la prochaine phase du cycle du devenir et de la mort auquel est également soumis ce que l'homme, prisonnier d'une étroite optique et de perspectives limitées, considère comme éternel et immuable.
Connaissant l'extrême diversité des matériaux ayant servi à la construction des Alpes, l'alpiniste se pose de nombreuses questions. Comment les roches cristallines intégrées aux éléments du relief superficiel ont-elles pu rejoindre la surface de la croûte terrestre où elles composent désormais le paysage montagneux? Comment concilier l'idée de superposition des couches géologiques avec le caractère monolithique des massifs? A une époque où la plupart des chevauchements se produisaient encore dans les profondeurs abyssales, un massif en cours de surrection ne formait véritablement une montagne qu'à la fin de la phase de croissance. Dans une dernière phase, le socle montagneux était soulevé mais, aussitôt, les forces érosives entraient en action et s'attaquaient aux parties les plus élevées de la nouvelle formation. Ce mécanisme n'est pas sans rappeler ce passage de la Bible: «Celui qui s'élève sera abaissé.» Les parties centrale et occidentale des Alpes ayant été l'objet d'une surrection maximale, les roches des parties les plus basses furent les premières soumises à l'érosion. C'est précisément dans ces secteurs de l'arc alpin que le passé de la

norama alpino? Com'è possibile conciliare il concetto della sovrapposizione degli strati geologici con il carattere monolitico dei massicci? All'epoca in cui la maggior parte delle sovrapposizioni ancora si formavano in prevalenza nelle profondità abissali, la massa protesa ad erigersi non si formò veramente quale montagna che alla conclusione della sua fase di crescita. In un'ultima fase il corpo montuoso fu sollevato verso l'alto ma, immediatamente, gli agenti erosivi entrarono in azione e attaccarono le parti più elevate della nuova formazione. La circostanza ricorda singolarmente quel passaggio della Bibbia che recita: «Chi si esalta sarà umiliato...» Le componenti centrali ed occidentali delle Alpi furono sollevate molto più delle altre, cosicché in quelle regioni furono le parti basse a subire per prime l'erosione. È precisamente in quei settori dell'arco alpino che il passato della terra pare, ad un tempo, più lontano e più prossimo. La delimitazione tra le Alpi orientali e quelle occidentali, determinata da una struttura geo-morfologica «a buccia di cipolla», si trova nel territorio svizzero; essa segue una linea che, attraverso Lenzerheide e Oberhalbstein, collega la valle del Reno, nella regione di Coira, al Passo di Settimo. Un'altra importante linea di separazione, tra le Alpi centrali e medionali questa volta, è accertata lungo la piana di Magadino, la Valtellina, la Val di Sole, Merano, la Val Pusteria, la Val Passiria e la Gailtal. Il sollevamento

zung zwischen den Ost- und den Westalpen liegt in der Schweiz, nämlich auf einer Linie Churer Rheintal–Lenzerheide–Oberhalbstein–Septimerpaß. Eine andere großangelegte Trennlinie liegt zwischen den zentralen Alpenteilen und den Südalpen, nämlich etwa auf der Linie Magadinoebene–Veltlin (sogenannte Insubrische Linie)–Val di Sole–Meran–Penser Joch–Pustertal–Gailtal (u. a. Tonale-Linie): Die Anhebung des nördlich dieser Linie liegenden Teils war so viel stär-

ker als die des südlichen, daß die sich entsprechenden Gesteinsschichten in der Senkrechten rund 10 km auseinandergerissen wurden! Die Berge erreichten aber gar nie die entsprechende Höhe, weil die kräftige Abtragung dem sogleich entgegenwirkte. Als für jeden sichtbares deutliches Zeichen des unterbrochenen Zusammenhangs der einzelnen Bauelemente sind Berge zu beobachten, deren steil aufragende Schichten ohne Fortsetzung in den Himmel ragen; die

Fortsetzung muß man sich denken, da sie verschwunden ist! Oder – noch aufregender – Berge, die sogar nur aus einer Faltenmulde bestehen: die benachbarten Faltenschenkel fehlen... Offenbar stimmt die heutige Oberfläche meist überhaupt nicht mit der durch die Faltung angelegten Form überein – Faltenberge erscheinen oft als Täler und Faltenmulden als Berge! Diese auf den Kopf gestellte, buchstäblich ver*rückte* Situation nennt man schlicht Reliefumkehr...

terre apparaît à la fois le plus lointain et le plus proche.
La limite entre Alpes occidentales et Alpes orientales déterminée par la structure géomorphologique, en «pelure d'oignon», du massif alpin, passe par la Suisse; elle suit une ligne qui, par Lenzerheide et Oberhalbstein, relie la vallée du Rhin, dans la région de Coire, au Septimerpass. Une autre séparation, nettement marquée, entre les Alpes centrales et méridionales forme une ligne qui

longe la plaine de Magadino, la Valteline (ligne insubrique), le Val di Sole, Merano, la Pusteria, le Val Passiria et le Gailpass (ligne du Tonale). La surrection du massif alpin situé au nord de cette dernière ligne fut beaucoup plus importante que le soulèvement du secteur sud; sur le plan vertical, le décalage entre les couches géologiques atteint 10 kilomètres, mais les effets de l'érosion ne permirent jamais à la montagne de se hisser à pareille altitude. Les traces nettement visi-

bles d'une rupture de continuité entre les éléments composant les structures montagneuses sont fournies par les montagnes constituées de roches dressées verticalement vers le ciel; les parties qui les prolongeaient ont disparu, victimes de l'érosion. Le spectacle qu'offrent les montagnes qui consistent en une combe plissée dont les arêtes ont disparu est encore plus curieux. On constate généralement que le relief actuel ne correspond pas à la forme déterminée par le plisse-

delle masse poste a nord della linea indicata fu molto più importante delle masse disposte lungo la linea meridionale; sul piano verticale, il divario tra i due strati geologici raggiunse i 10 chilometri, ma gli effetti dell'erosione non permisero mai alla montagna di elevarsi a tale altitudine. Le tracce nettamente visibili di una rottura di continuità tra gli elementi compositivi delle strutture montane sono forniti dalle stratificazioni di rocce disposte verticalmente, puntate verso il cielo; le parti

che le prolungavano sono scomparse, vittime dell'erosione. Lo spettacolo offerto dalle montagne in forma di conca corrugata le cui pareti sono scomparse è ancora più curioso! È ormai risaputo che l'odierna configurazione dei rilievi non corrisponde assolutamente alla forma conferita loro dai corrugamenti; in realtà, in numerosi casi, le montagne di corrugamento appaiono quali vallate mentre le conche di corrugamento, al contrario, hanno l'aspetto di montagne! Questo capovolgi-

mento davvero pazzesco porta il nome di rilievo rovesciato.
Gli agenti della disgregazione e dell'erosione si associano per modellare l'immagine e l'apparenza dell'universo alpino; sotto la loro azione le rocce più tenere si disgregano, si sfaldano e vengono eliminate molto più rapidamente di quelle dure e compatte. L'acqua, il più attivo degli agenti distruttivi, s'introduce nelle fessure e nei crepacci e non solo scioglie i composti, ma aumentando di volu-

Verwitterung und Erosion sind die Kräfte, die beim effektiven Erscheinungsbild der Bergwelt ein Wort mitreden. Sie sind mit dem Wettergeschehen eng gekoppelt und arbeiten selektiv, das heißt die weicheren Gesteine werden schneller abgetragen als die harten. Vor allem ist das in die Gesteinsrißchen und -klüfte eindringende Wasser sehr wirksam: Es ist Lösungs-, zugleich aber auch Sprengmittel, weil es beim Gefrieren sein Volumen vergrößert. Jeder Bergsteiger weiß, daß der gefährliche Steinschlag besonders häufig auftritt, wenn die Sonne nach kalter Nacht die Felswände erwärmt und das Eis schmilzt, sowie im Bergfrühling.

Auch den vielen Bächen und Flüssen und den Gletschern kommt eine große Bedeutung zu. Die altsteinzeitlichen Jäger, die im Bergland über der alten, hochliegenden Vergletscherungsfläche lebten, waren noch Zeugen einer an die heutige Arktis erinnernden Situation, als sich von den inneren Alpenkämmen her riesige zusammenhängende Eisströme über die Pässe hinweg zum Alpenrand und weit darüber hinaus ins Vorland ausdehnten. Die eiszeitliche Gletscherfläche der Alpen erreichte um die 150 000 km², heute ist sie nur mehr etwa 3600 km² groß! Diese kriechenden Eisströme feilten wie überdimensioniertes Sandpapier an der Gesteinsunterlage herum, indem sie mit ihrem gewaltigen Gewicht das mitgeführte Geschiebe – den von den Bergen anfallenden

ment; le fait est que, dans de nombreux cas, les montagnes plissées ressemblent à des vallées et, à l'inverse, les combes plissées à des montagnes. Cette disposition qui apparaît contraire à la normale porte le nom de relief inversé.

Agents de décomposition et d'érosion s'associent pour modeler l'image et l'apparence de l'univers montagnard; sous leur action les roches les plus tendres se désagrègent, se délitent et sont éliminées beaucoup plus rapidement que les sols durs et compacts. L'eau, l'agent destructeur le plus actif, s'introduit dans les fentes et les crevasses; non seulement elle dissout mais, sa transformation en glace augmentant son volume, elle exerce des pressions capables de faire éclater la roche la plus compacte. Les alpinistes savent quel danger représentent les chutes de pierres quand, particulièrement au printemps, après une nuit froide le soleil réchauffe les parois et fait fondre la glace. Par ailleurs, de nombreux torrents et cours d'eau contribuent à modeler le relief de l'univers montagneux. Les chasseurs du Paléolithique qui vivaient dans le milieu alpin au-dessus des immenses étendues glaciaires ont connu une situation analogue à celle qui prévaut actuellement dans l'Arctique; d'immenses fleuves de glace descendus des crêtes et des arêtes du massif alpin recouvraient les cols, descendaient jusqu'à la bordure de la zone alpine et débordaient même sur le

me con la trasformazione in ghiaccio, esercita pressioni capaci di spezzare la roccia più dura. Tutti gli alpinisti conoscono il pericolo rappresentato dalle cadute di sassi che avvengono, soprattutto in primavera, quando il sole riscalda le pareti facendo sciogliere il ghiaccio. D'altra parte, anche i torrenti e i corsi d'acqua contribuiscono a modellare il mondo della montagna. I cacciatori del Paleolitico, che vivevano nell'ambiente alpino al di sotto delle sterminate distese glaciali, hanno conosciuto una situazione analoga a quella prevalente oggi nell'Artico; impressionanti fiumane di ghiaccio scendevano dalle creste e dalle pareti dei massicci alpini, ricoprivano i colli, colavano fino ai limiti dell'areale montano e invadevano anche le regioni prossime alle Alpi. In quell'epoca lontana la superficie ricoperta dai ghiacciai raggiungeva, sulle Alpi, i 150 000 chilometri quadrati, ridotti oggi a soli 3600. Possenti e giganteschi fattori di erosione, i ghiacciai in movimento logoravano e piallavano i diversi materiali strappati alla montagna ch'essi abbandonavano poi ai margini. Le rocce montonate testimoniano l'importanza del fenomeno. Furono però modellate anche altre forme particolari quali le soglie a chiusura delle valli, i promontori e i terrazzamenti delle valli. Alla confluenza di queste valli sospese le cascate divallano dai dirupi oppure si aprono un passaggio attraverso strette gole e forre.

Schutt – auf die Erdoberfläche drückten. Rundhöcker und die ausgewogen gestalteten Trogtäler sind weitverbreitete Zeugen. Andere Formen wurden besonders herausmodelliert: Talriegel und -stufen und die typischen Stufenmündungen der Nebentäler etwa. Wer hat nicht schon an einer solchen Stelle Wasserfälle bewundert, die sich tosend über die Steilstufe herunterstürzen oder sich durch enge Schluchten oder Klammen zwängen?

Die Bildhauerarbeit der eiszeitlichen Gletscher setzte erst in der späten Erdneuzeit ein, nämlich zu Anfang des Quartärs vor ungefähr 2 Millionen Jahren. Dabei unterscheidet man vier Haupteiszeiten mit dazwischenliegenden Warmzeiten. Die meisten heute sichtbaren Formen und Überreste stammen aus der letzten, der Würm-Eiszeit, die nach geologischen Maßstäben sozusagen erst in der Gegenwart zu Ende gegangen ist: nämlich vor rund 10 000 Jahren. Die Frage, ob

wir uns nur in einer Warmphase vor einer nächsten Vergletscherung befinden, ist deshalb nicht abwegig. Allerdings – schon jetzt ängstlich warme Pullover auf Vorrat zu stricken wäre unangebracht... Auch innerhalb der gegenwärtigen Warmzeit gab es noch beträchtliche Wärmeschwankungen nach oben und unten. So redet man etwa von der «kleinen Eiszeit», die von Mitte des 16. Jahrhunderts bis etwa 1850 reichte, während der die Gletscher ihre Eiszungen wesentlich

piémont. A cette lointaine époque, la surface occupée par les glaces atteignait, dans les Alpes, 150 000 kilomètres carrés, désormais réduits à 3600 kilomètres carrés. Puissants et gigantesques facteurs d'abrasion, les glaciers en mouvement usaient et rabotaient le substratum rocheux et charriaient les divers matériaux arrachés aux montagnes qu'ils abandonnaient à la surface du sol. Les auges glaciaires et les buttes aux formes arrondies témoignent de l'ampleur du phénomène.

D'autres formations géologiques, tels les verrous fermant les vallées, les paliers et les seuils des vallées affluentes sont la conséquence de l'action des glaciers. Au confluent de ces vallées suspendues, des cascades dévalent en grondant le long de la paroi; d'autres se creusent un passage à travers gorges et défilés. Le modelage du relief et sa transformation par les glaciers n'ont commencé qu'à la fin de l'ère quaternaire, il y a 2 millions d'années environ, soit vers la fin de la période

néolithique. On distingue plusieurs périodes de glaciations principales et successives séparées par des périodes de réchauffement. L'immense majorité des manifestations et des vestiges géologiques encore identifiables date de la dernière phase glaciaire, celle de Würm; mesurée à l'échelle du temps géologique, elle s'est terminée hier, c'est-à-dire il y a environ 10 000 ans. La question de savoir si la période actuelle se situe dans une phase de réchauffement précédant une autre

La modellazione del paesaggio alpino e la sua trasformazione è cominciata soltanto alla fine dell'era quaternaria, circa 2 milioni d'anni fa, alla conclusione insomma del periodo neolitico. Si distinguono parecchi periodi di glaciazioni principali e le successive epoche di riscaldamento. La maggior parte delle manifestazioni e dei detriti geologici visibili oggi risalgono all'ultima era glaciale, quella di Würm che, misurata secondo criteri geologici, è finita appena ieri, vale a dire 10 000 anni

fa. La questione di sapere se ci troviamo ora nel periodo caldo che precede una glaciazione a venire è perfettamente legittima. Riteniamo tuttavia prematuro fare incetta, in tale previsione, di maglie di lana o altri indumenti caldi perché, anche nell'ambito di un periodo caldo, si hanno notevoli sbalzi di temperatura, sia verso l'alto che verso il basso. Nel corso della «piccola glaciazione» che avvenne tra il 1550 e il 1850, la lingua terminale dei ghiacciai si estese più lontano e molto più in

basso di quanto non avvenga attualmente. Percorrendo le montagne si notano parecchie morene laterali e terminali di quel tempo. I diversi materiali liberati dai ghiacciai sono tuttora trasportati dai torrenti alimentati dalle acque di fusione; il volume di quel materiale è stato tale che, nell'antica conca ora ricolma che corrisponde alla pianura padana, il suolo è formato da detriti per uno spessore di 2000 metri.
All'inizio della nostra succinta divagazione

weiter talabwärts schickten als heute. Bei unseren Wanderungen in den Alpen treffen wir auf viele große End- und Seitenmoränen aus jener Zeit. Das von Eisströmen freigegebene Geschiebe wurde (und wird noch immer) durch die Schmelzwasserbäche in großen Mengen weiterverfrachtet. Die dabei anfallende Schuttmenge war so bedeutend, daß zum Beispiel die junge, weite Einsenkung der Poebene aus einer bis 2000 m mächtigen Füllmasse besteht!

Am Anfang unseres in großen Zügen entworfenen und keinesfalls vollständigen Exkurses durch die Entstehungsgeschichte der Alpen wurde behauptet, das Meer sei die Geburtsstätte der Alpen. Nun sind wir bei der Feststellung angelangt, daß das Wasser in gefrorener oder flüssiger Form die Haupttransportbahnen für den Steinschutt darstellt, die im umliegenden Vorland und schließlich im Meer enden. Damit vervollständigt sich der Rhythmus von Auf- und

Abbau, von Schöpfung und Zerstörung. Mag sein, daß die vielen Bergfreunde der heutigen Zeit, in der Planung und Organisation unseres Lebens so großgeschrieben werden, im Erspüren dieser ursprünglichen, unverfälschbaren Naturgesetze unserer Welt beim Kontakt mit dem Gebirge eine tiefe Befriedigung empfinden. Es braucht dazu nicht einmal Naturschwärmerei: Das Gewaltige im Ablauf der Naturprozesse wird um so offenbarer, je mehr die Wissenschaft die Zusam-

phase de refroidissement est parfaitement fondée mais ce n'est pas une raison suffisante pour constituer, en prévision, un stock de lainages et de vêtements chauds! Car, même dans le cadre d'une phase de réchauffement, les variations thermiques, en baisse ou en hausse, sont parfois importantes. Au cours d'une «petite glaciation» qui se produisit entre 1550 et 1850, la langue des glaciers s'étendait plus loin et à une altitude plus basse que ce n'est actuellement le cas; les

randonnées dans les Alpes permettent de constater la présence de nombreuses moraines terminales et latérales constituées lors des glaciations. Les divers matériaux charriés par les glaciers sont transportés par les ruisseaux alimentés par les eaux de fonte; le volume de ces déjections était jadis tel que, dans l'ancienne cuvette comblée correspondant à la plaine du Pô, le sol est constitué de sédiments sur une hauteur de 2000 mètres. Au début de cet exposé succinct de l'orogé-

nèse du massif alpin, il a été dit que l'océan primordial fut le berceau de la chaîne alpine; sous forme solide ou liquide, l'eau constitue toujours le principal agent d'évacuation des matériaux qu'elle achemine vers le piémont et, en définitive, vers la mer. Le cycle de la construction et de la destruction, de la création et de l'anéantissement est désormais fermé. On conçoit d'autant mieux que les nombreux fervents de la montagne, à une époque comme la nôtre où le rôle que jouent

sulla genesi delle Alpi, è stato detto che l'oceano fu la culla della catena alpina; l'acqua, sia allo stato solido che in quello liquido, è il principale mezzo di evacuazione dei detriti, che trascina verso le zone pedemontane per finire nel mare. Il ciclo della costruzione e della distruzione, della creazione e dell'annientamento viene così concluso. Specialmente oggi che si dà tanta importanza all'organizzazione e alla pianificazione della vita, è possibile che gli appassionati

della montagna provino il bisogno di ritrovarsi a contatto con la natura e di riscoprirne le sue leggi autentiche. Non occorre essere fanatici della natura per saperne godere. Il carattere grandioso dei fenomeni naturali appare sempre maggiore a misura che la scienza illumina i legami e le concordanze; la loro ampiezza è tale che l'uomo la coglie con il pensiero senza afferrarne veramente tutta la portata. Questa oltrepassa le possibilità offerte da una esperienza vissuta sul triplo pia-

no spaziale, cronologico e materiale. Da qualche generazione è possibile concretizzare questo genere di considerazione e di sentimenti. Le condizioni preliminari di tale evoluzione di pensiero furono l'abbandono della concezione anti-naturalista del Medio Evo, la rivoluzione intellettuale del Rinascimento, l'influenza della filosofia illuminista e anche l'esaltazione romantica della natura praticata, nel XVIII secolo, da Jean-Jacques Rousseau o dal medico Albrecht von Haller,

menhänge erarbeitet, die von einem Format sind, das wir zwar gedanklich-abstrakt verstehen können, das jedoch weit jenseits des Horizonts unserer eigenen räumlichen, zeitlichen und materiellen Erfahrung liegt. Derartige Empfindungen und Einsichten nachzuvollziehen ist erst seit einigen Generationen prinzipiell möglich. Es bedurfte dazu als Voraussetzung der Abkehr von der naturfeindlichen Haltung des Mittelalters, des Umdenkens während der Zeit der Re-

naissance und der Aufklärung, auch der romantischen Naturidealisierung, wie sie etwa von Jean-Jacques Rousseau oder vom Arzt und «Alpendichter» Albrecht von Haller im 18. Jahrhundert zelebriert wurde. Aber noch 1790 kam in einer Äußerung des berühmten Philosophen Immanuel Kant die allgemeine Ansicht zum Ausdruck, die während der vorhergehenden Jahrhunderte geherrscht hatte: «Wer wollte auch ungestaltete Gebirgsmassen, in wilder Unordnung übereinander

getürmt, mit ihren Eispyramiden … erhaben nennen?» Dies war zu einer Zeit, als sich der Umbruch im Verhältnis zur «schrecklichen Natur» bereits anbahnte.

la planification et l'organisation est désormais capital, éprouvent le besoin de se retrouver en contact avec l'univers montagnard et de redécouvrir les authentiques lois naturelles. Pour cela, il n'est même pas nécessaire d'être un passionné de la nature. Le caractère grandiose des phénomènes naturels apparaît de plus en plus à mesure que la science met en lumière les liaisons et les concordances; leur ampleur est telle que l'homme la conçoit par la pensée sans vérita-

blement en saisir la portée. Celle-ci dépasse les possibilités offertes par une expérience vécue sur le triple plan spacial, chronologique et matériel.
Depuis quelques générations, il est désormais possible de concrétiser ce genre de considérations et de sentiments. Les conditions préalables d'un tel revirement furent l'abandon de la conception anti-naturiste du Moyen-Age, le bouleversement intellectuel de la Renaissance, l'influence de la philoso-

phie des Lumières et aussi l'exaltation romantique de la Nature, telle que la pratiquaient, au XVIIIe siècle, Jean-Jacques Rousseau ou Albrecht von Haller, médecin et chantre des Alpes. En 1790, l'illustre philosophe Immanuel Kant exprimait encore la conception répandue au siècle précédant et écrivait: «Qui donc prétend qualifier de sublimes des masses montagneuses informes et superposées dans une désordre sauvage, avec leurs pyramides de glace…?»

cantore delle Alpi. Nel 1790, l'illustre filosofo Immanuel Kant esprimeva ancora un concetto diffuso nei secoli precedenti: «Chi pretende dunque di qualificare come sublimi dei massicci montagnosi informi e ammucchiati in un selvaggio disordine, con le loro piramidi di ghiaccio …?»

CIMA D'ARGENTERA

Heimat Vieh hütender, Kräuter pflückender
und Bienen züchtender Okzitanen.

Au pays des bergers, des herborisateurs et
des apiculteurs occitans.

Nel paese dei pastori, dei cercatori d'erbe e
degli apicoltori occitani.

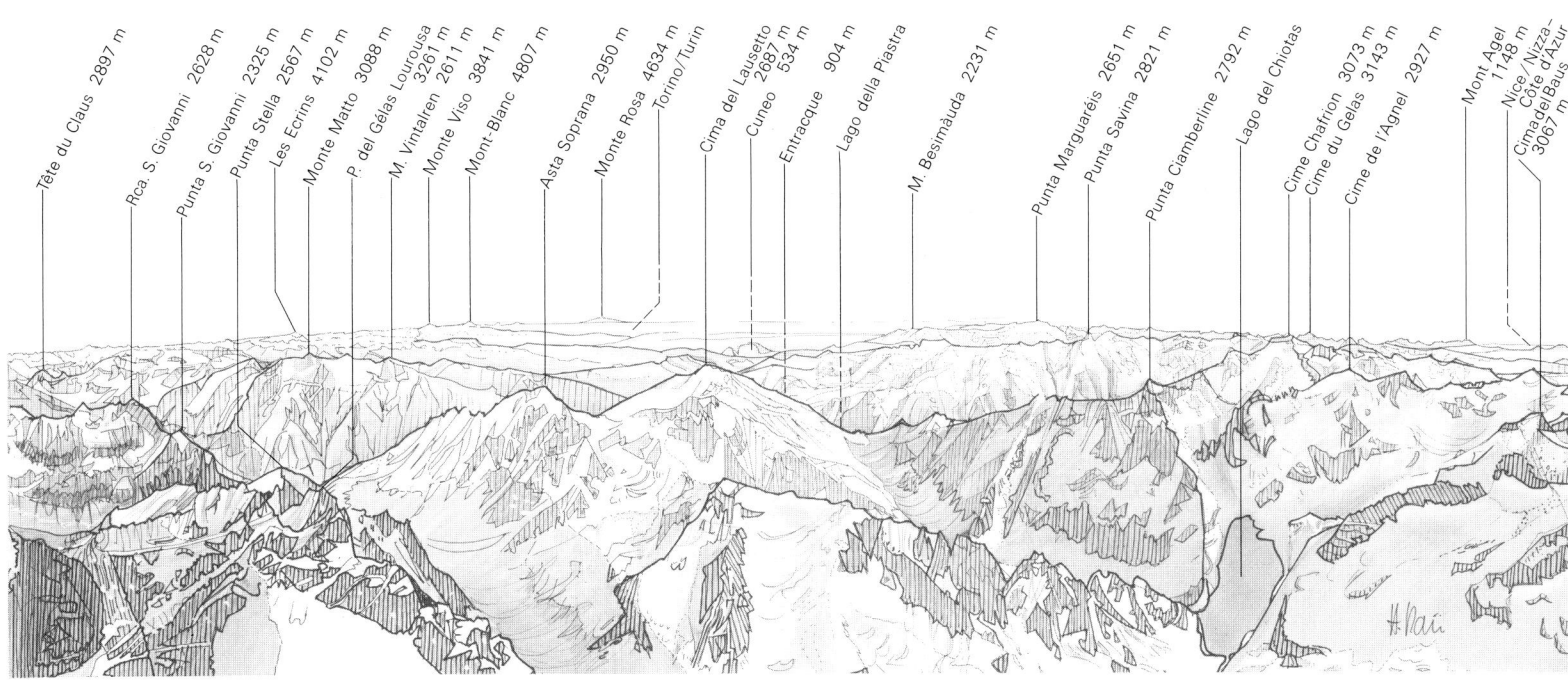

Tête du Claus 2897 m · Rca. S. Giovanni 2628 m · Punta S. Giovanni 2325 m · Punta Stella 2567 m · Les Ecrins 4102 m · Monte Matto 3088 m · P. del Gelás Lourousa 3261 m · M. Vintalfen 2611 m · Monte Viso 3841 m · Mont-Blanc 4807 m · Asta Soprana 2950 m · Monte Rosa 4634 m · Torino/Turin · Cima del Lausetto 2687 m · Cuneo 534 m · Entracque 904 m · Lago della Piastra · M. Besimàuda 2231 m · Punta Marguaréis 2651 m · Punta Savina 2821 m · Punta Ciamberline 2792 m · Lago del Chiotas · Cime Chafrion 3073 m · Cime du Gelás 3143 m · Cime de l'Agnel 2927 m · Mont Agel 1148 m · Nice Nizza-Côte d'Azur · Cima del Baus 3067 m

Wo die Alpen aus dem Mittelmeer wachsen, kennt der Tourismus kaum eine tote Saison. Doch nur wenige Kilometer landeinwärts ist vom Trubel der französischen Côte d'Azur, des betriebsamen Fürstentums Monaco und der anschließenden italienischen Strände kaum etwas zu spüren: Die Seealpen sind ein Gebirge, das es noch zu entdecken gilt! Nahezu neun Zehntel der Seealpen liegen auf Frankreichs Boden – doch deren höchster Gipfel, die Cima d'Argentera (3298 m ü. M.), ist ein italienischer Berg; er befindet sich kaum 5 km von der Landesgrenze entfernt. Die Täler zu seinen Füßen entwässern in nordöstlicher Richtung zum Po hin. Ihre Bäche fließen also nicht ins nahe Ligurische Meer, sondern streben der fernen Adria zu. Hier türmen sich unter südlicher Sonne schroffe Gipfel, hier haben intensive Regengüsse tiefe Täler ins Gestein gegraben, hier lacht der goldene Ginster mit dem blauen Himmel um die Wette. Und wie das duftet!

Abseits aller Luftverschmutzung gedeihen Kräuter, die ihres Aromas und ihrer Heilwirkung wegen weiterum geschätzt sind. Geographische Abgeschiedenheit hat die Seealpen zu einem Rückzugsgebiet werden lassen. Fern der Durchgangsstraßen konnten die Okzitanen – und zwar zu beiden Seiten der französisch-italienischen Grenze – ihrer Sprache und Kultur treu bleiben. Gerade auch junge Einheimische bekennen sich heute stolz zum Erbe ihres Volkes. Als

Là où les Alpes surgissent de la mer, le tourisme ne connaît point de morte saison. Mais il suffit de pénétrer un peu vers l'intérieur des terres pour que s'apaisent le tumulte de la Côte d'Azur et l'animation de la Principauté de Monaco et des plages italiennes voisines. Haut dans l'arrière-pays, les Alpes Maritimes (pour les français, le massif du Mercantour) restent des montagnes à découvrir. Près des neuf dixièmes du massif se trouvent en territoire français, mais le point culminant, la Cima d'Argentera (3298 m) est une montagne italienne; cinq kilomètres seulement la séparent de la frontière. Les rivières qui y prennent leur source se dirigent toutes vers le nord-est, vers le Pô, et, au lieu de rejoindre le golf de Gênes tout proche, vont se jeter dans la lointaine Adriatique. Ici, des sommets escarpés se dressent sous le soleil du Midi, des eaux impétueuses ont creusé dans la roche de profondes vallées, l'or des genêts rivalise d'ardeur avec le bleu du ciel. Et quels parfums! Loin de la pollution, prospèrent des herbes de toutes parts prisées pour leur arôme et leurs vertus curatives. L'isolement géographique des Alpes Maritimes en a fait un pays peu fréquenté. A l'écart des grands axes routiers, les habitants ont pu rester fidèle à leur langue et à leur culture et ce, des deux côtés de la frontière franco-italienne. Aujourd'hui, les jeunes du pays assument avec fierté l'héritage de leur peuple.

Là, dove le Alpi sorgono dal mare, il turismo non conosce stagioni morte. È però sufficiente penetrare verso l'interno per veder placati fino alla pace assoluta sia il tumulto della Costa Azzurra che l'animazione del Principato di Monaco e delle spiagge italiane. Alte nell'entroterra, le Alpi Marittime (Massiccio del Mercantour per i francesi), sono ancora oggi delle montagne da scoprire. Sebbene i nove decimi d'esse siano in territorio francese, la Cima d'Argentera (3298 m) è interamente italiana e cinque chilometri la separano dalla frontiera. I corsi d'acqua che ne discendono si dirigono tutti verso nordest e vanno ad aggiungere le loro acque al Po. Invece di raggiungere il vicino Golfo di Genova, traversano tutta la pianura padana e sfociano nel lontano Mare Adriatico. Qui, cime dirupate si levano sotto il sole mediterraneo, acque impetuose hanno eroso nella roccia delle valli profonde e l'oro delle ginestre rivaleggia in splendore con l'azzurro del cielo. E quali profumi! Lontane dalle fonti di inquinamento, prosperano erbe pregiate per i loro aromi e le loro proprietà curative. L'isolamento geografico delle Alpi Marittime ne ha fatto una regione poco frequentata. In disparte rispetto ai grandi percorsi stradali, gli abitanti hanno potuto conservarsi fedeli alla loro lingua e alla loro cultura originale, e questo è avvenuto sia sul versante italiano

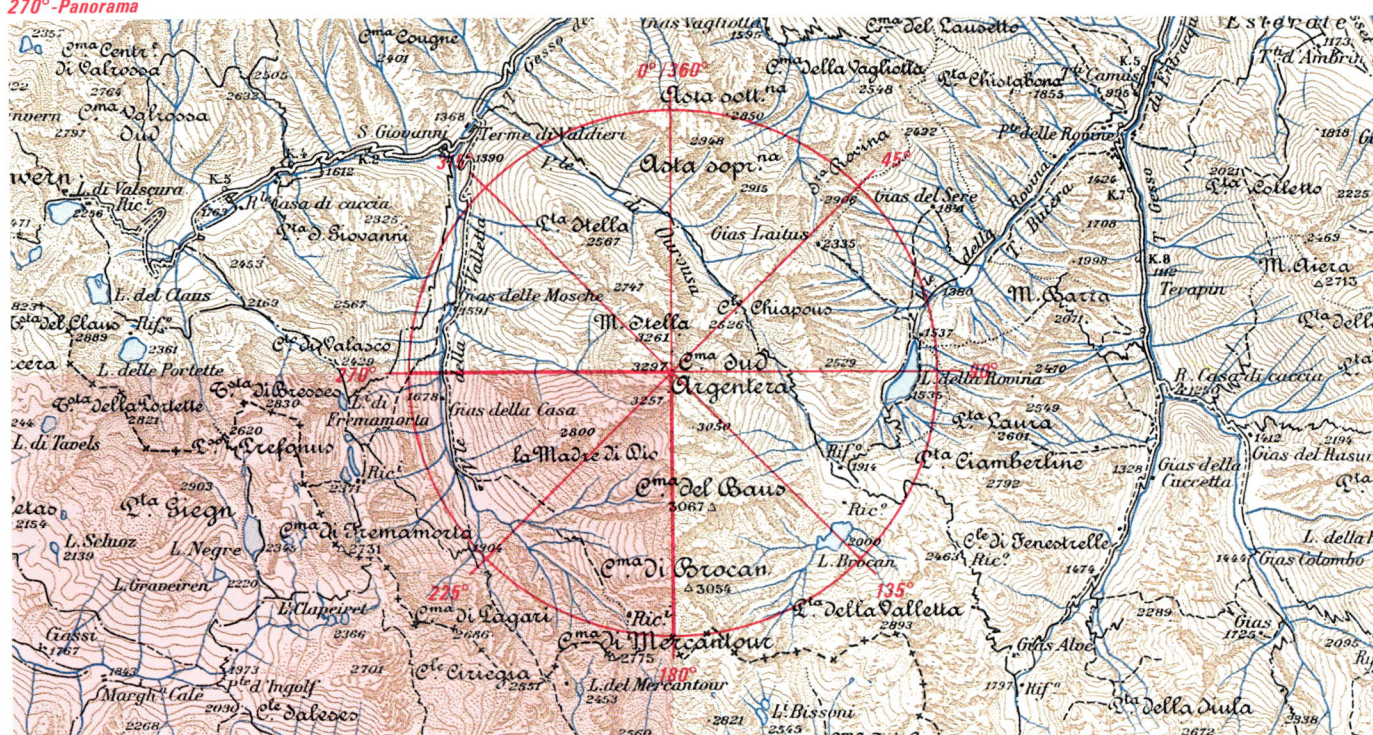

romanisches Idiom geht das Okzitanische mit seinen zahlreichen Selbstlauten direkt auf das Lateinische zurück.

Volkswirtschaftlich ist die Region rund um die Cima d'Argentera noch stark auf die Natur ausgerichtet. Da werden Heilkräuter gezogen, Pilze gesammelt, Bienen gezüchtet, da weiden Hirten ihr Vieh – ganz wie zu jenen längst vergangenen Zeiten, als der Zürcher Naturforscher Josias Simmler 1574 in seinem Buch «De Alpibus Commentarius» die

En tant que langue romane et par ses nombreuses voyelles, l'occitan vient directement du latin.

Du point de vue économique, le Mercantour tire essentiellement parti de ce que lui offre la nature. On y cultive des plantes médicinales, on y cueille des champignons, on y élève des abeilles. Et les bergers qui y font paître leurs troupeaux, rappellent les habitants des Alpes Maritimes qu'en 1574 le naturaliste zurichois, Josias Simmler, décrivit comme «des

che su quello francese. I giovani hanno assunto l'eredità del loro popolo con fierezza e parlano una lingua romanza, l'occitano, ricca di vocali e derivata direttamente dal latino.

Dal punto di vista economico, la regione dell'Argentera trae il suo reddito essenzialmente dai prodotti naturali. Vi vengono coltivate le erbe officinali, raccolti i funghi ed allevate le api. I pastori vi fanno pascolare i loro armenti e ricordano quegli abitanti delle Alpi Marittime che, nel 1574, il naturalista zurighese Jo-

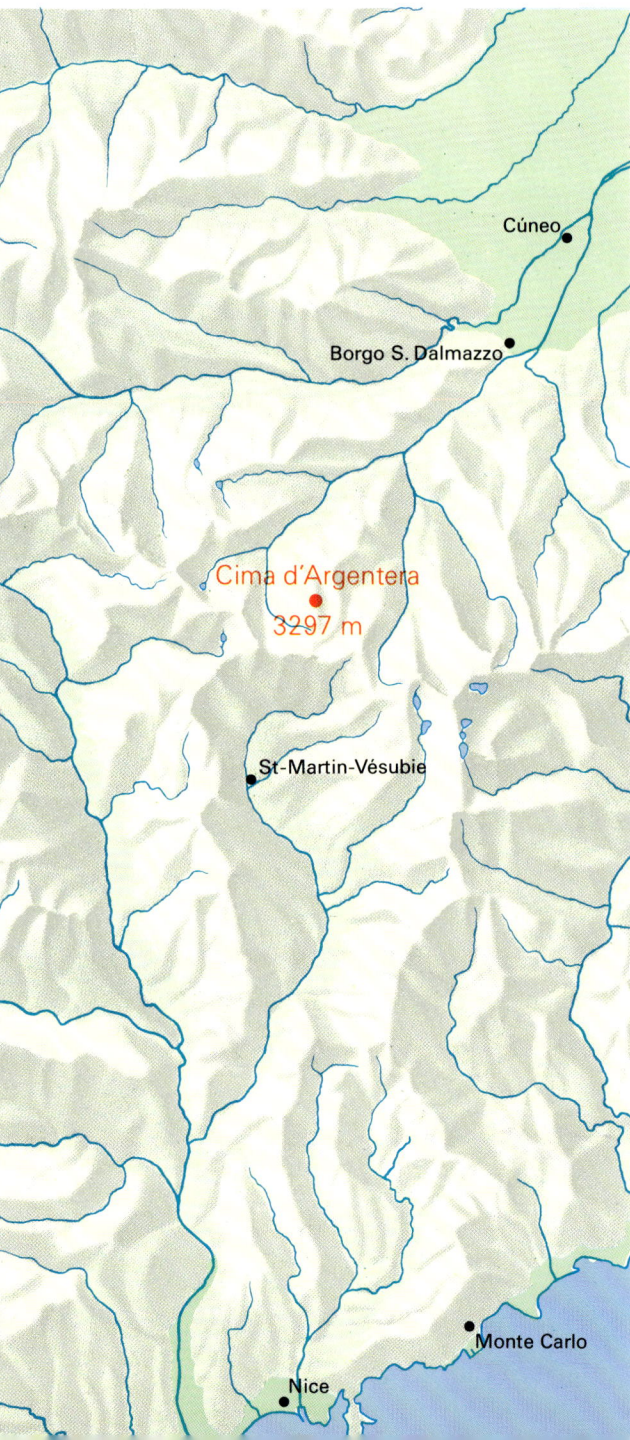

Cúneo

Borgo S. Dalmazzo

Cima d'Argentera
3297 m

St-Martin-Vésubie

Monte Carlo

Nice

◀◀ Cima d'Argentera? Selbst gute Alpenkenner wie unser Panorama-Fotograf Willi P. Burkhardt müssen die Landkarte zu Hilfe nehmen, wenn sie diesen höchsten Berg der Seealpen (3298 m ü.M.) lokalisieren wollen. Das ist nicht weiter erstaunlich, zählt doch der Gebirgsteil zwischen Poebene im Nordosten und Mittelmeer im Süden zu den unbekanntesten Regionen der Alpen überhaupt.

Unbekannt wohl, doch keineswegs reizlos. In der eindrücklichen Felseinöde oberhalb der Baumgrenze fühlen sich nicht bloss die seltenen menschlichen Besucher, sondern auch Gemsen und Steinböcke wohl (die Cima d'Argentera gehört zum italienischen Naturreservat des Parco di Valdieri). Trotz aller Schroffheit erfordert die Besteigung des Gipfels keine alpinistischen Kunstgriffe. Mit guten Schuhen und etwas Ausdauer ist der aus bräunlich anwitterndem Gneis bestehende Berg von der Ortschaft Valdieri aus problemlos zu erreichen. Der Aufstieg führt durch Kastanienwälder und berührt weiter oben zwei glasklare Seen. Wie wär's mit einem erfrischenden Bad?

Cima d'Argentera? Même certains bons connaisseurs des Alpes, comme notre photographe Willi P. Burkhardt, doivent prendre une carte pour localiser le point culminant des Alpes Maritimes (3298 m). Rien d'étonnant à cela, puisque la partie montagneuse située entre la plaine du Pô au Nord-Est et la Méditerranée au Sud compte parmi les régions des Alpes les plus mal connues.

Mal connue certes, mais non sans intérêt. Dans les impressionnants déserts de pierre qui, là-bas, dominent les forêts, les rares visiteurs partagent les plaisirs de l'altitude avec chamois et bouquetins. La Cima d'Argentera fait partie du parc

naturel Parco di Valdieri. Il n'est pas besoin d'être un alpiniste chevronné pour atteindre ce sommet pourtant escarpé. Avec de bonnes chaussures et un peu d'endurance, on peut sans problème, au départ de Valdieri, gravir cette montagne de gneiss brunâtre. Le sentier traverse des forêts de châtaigniers puis longe plus haut deux lacs aux eaux limpides. Que diriez-vous d'un bain rafraîchissant?

La Cima d'Argentera? Anche dei buoni conoscitori delle Alpi, come il nostro fotografo Willi P. Burkhardt, sono costretti a consultare una carta topografica per localizzare il punto culminante delle Alpi Marittime (3298 m). Non c'è nulla di strano in questo fatto, perché la catena montuosa posta tra la piana del Po a nord-est ed il Mediterraneo a sud è tra le meno conosciute delle regioni alpine.

Poco nota, certo, ma non priva di interesse. Negli impressionanti deserti di pietre che, qua e là, dominano le foreste, i rari visitatori dividono i piaceri delle altitudini con camosci e stambecchi. La Cima d'Argentera è compresa nel Parco Naturale di Valdieri. Non occorre essere alpinisti esperti per raggiungerne la cima, pur ripida. Con delle buone calzature ed un po' di resistenza è possibile, partendo da Valdieri, ascendere quella montagna di gneiss brunastro. Il sentiero attraversa boschi di castagni e poi costeggia, più in alto, due laghi dalle acque limpide. Che ne direste di un bagno rinfrescante?

In der Abendsonne leuchtet das südfranzösische Bergdorf Saorge zwischen Tende und Breuil-sur-Roya.

Le village de Saorge, dans l'arrière-pays niçois, entre Tende et Breuil-sur-Roya dans l'embrasement du crépuscule.

Il villaggio alpino di Saorge, situato nella Francia meridionale fra Tenda e Breuil-sur-Roya, brilla nella luce del sole che tramonta.

Einwohner der Seealpen als «langhaarige Ligurer» beschrieb.

Durch die Wiedereröffnung der im Zweiten Weltkrieg zerstörten Tenda-Bahnlinie zwischen Cúneo am Rand der Poebene und Nizza beziehungsweise Ventimiglia am Mittelmeer ist das Argentera-Gebiet zumindest am Rand in den internationalen Tourismus einbezogen worden. Die zahllosen Eisenbahnfreunde erleben auf der imposanten Gebirgsstrecke die gleichen Kontraste, die

auch unsere vom Helikopter aufgenommenen Bilder zeigen: wie Meer und Alpen harmonisch ineinander übergehen.

 liguriens aux cheveux longs». Le tourisme, dans le massif de l'Argentera, ou du moins à sa périphérie, a pris un caractère international grâce à la réouverture du chemin de fer du col de Tende, détruit pendant la deuxième guerre mondiale. Cette ligne relie Cuneo, aux confins de la plaine du Pô, à Nice et Vintimille sur la Méditerranée. Les passionnés de chemin de fer peuvent, sur cet impressionnant parcours montagneux, découvrir à la fois les contrastes bien visibles sur les photo-

graphies aériennes, et toute l'harmonie de la transition entre la mer et les Alpes.

sias Simmler descriveva come «liguri dai lunghi capelli».

Il turismo nel massiccio dell'Argentera, o nelle sue immediate vicinanze, ha preso un carattere internazionale grazie alla riapertura della ferrovia del Col di Tenda, distrutta durante la seconda guerra mondiale. Quella linea collega Cuneo, ai confini della pianura padana, a Ventimiglia e Nizza sul Mediterraneo. Gli appassionati di viaggi in treno potranno scoprire, su quell'impressio-

nante percorso montano, tutti i contrasti di solito visibili nelle fotografie aeree e tutta l'armonia della transizione tra le Alpi e il mare.

La Meije (3982 m ü. M.), eine ▶
der markantesten Berggestal-
ten in der Pelvoux-Gruppe.

La Meije (3982 m), l'un des
sommets les plus impressionnants du massif du Pelvoux.

La Meije (3982 m s.l.m.), una
delle cime più importanti del
gruppo del Pelvoux.

◀Hier an der Côte d'Azur bei
Monaco tauchen die Alpen ins
Mittelmeer.

Sur la Côte d'Azur et près de
Monaco, les Alpes plongent
dans la Méditerranée.

Le Alpi terminano alla Côte
d'Azur nei pressi di Monaco,
dove si inabissano nel mare
Mediterraneo.

◀◀Der Grand Canyon du Verdon
oberhalb des Stausees von
Ste-Croix. Hier hat sich flie-
ßendes Wasser durch uner-
müdliche Arbeit tief in die
Kalkgebirge der Provence ein-
geschnitten.

Le grand canyon du Verdon en
amont du barrage de Ste-Croix.
Au prix d'un labeur incessant,
l'eau vive s'est creusée un passage dans les montagnes calcaires de la Haute Provence.

Il Grand Canyon del Verdon a
monte del lago artificiale di
Ste-Croix. Il lavorio infaticabi-
le delle acque ha eroso una
profonda gola nelle rocce calcaree della Provenza.

LES ECRINS

Der südlichste Viertausender der Alpen ist
eine Schmuckschatulle.

Le 4000 le plus méridional des Alpes.

Il 4000 più meridionale delle Alpi.

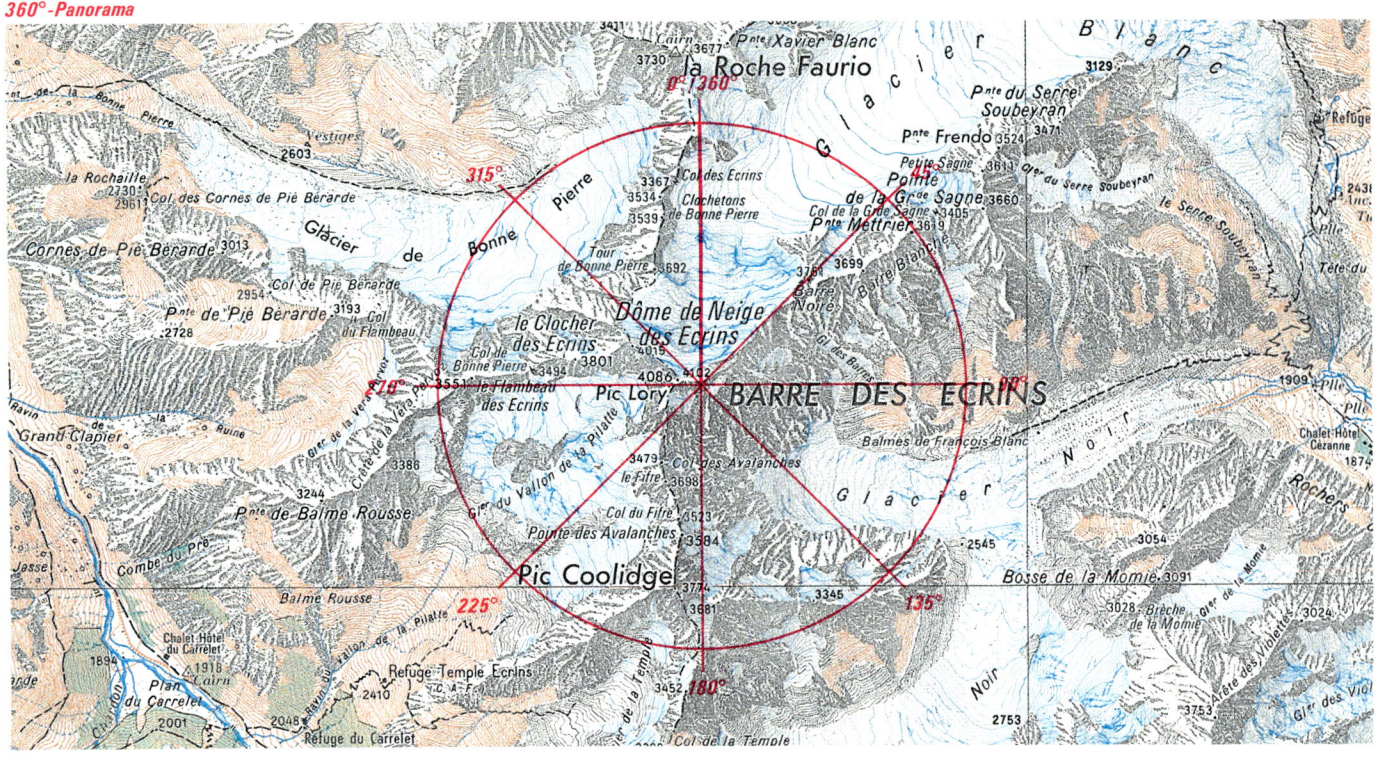

Als erster Bergsteiger hat der Österreicher Karl Blodig sämtliche Viertausender der Alpen bezwungen. Das war vor rund 80 Jahren. Seither fand Blodigs Parforce-Tour etliche Nachahmer. Südlichster Eckpfeiler dieses anspruchsvollen Vorhabens ist die Barre des Ecrins (kürzer auch Les Ecrins genannt, 4102 m ü.M.) in den französischen Dauphiné-Alpen, etwa 150 km südlich des Mont-Blanc.

Nachdem Blodig die Barre des Ecrins seiner Gipfel-Kollektion einverleibt hatte, schrieb er im Buch «Die Viertausender der Alpen»: «Die Bergwelt muß als Ganzes erfaßt und geliebt werden; mit offenen Augen und fühlendem Herzen müssen wir Tier und Pflanze, Stein und Himmelsbläue, Licht und Farbe, kurz die ganze uns umgebende Natur in uns aufnehmen.» Eine solche Sicht der Dinge kommt ja auch in unserem Panoramen-Band zum Ausdruck, wo neben dem zentralen Gipfel dessen nähere und weitere Umge-

Le premier alpiniste à avoir vaincu tous les 4000 des Alpes est l'autrichien Karl Blodig, il y a environ 80 ans. Depuis, le tour de force de Blodig a fait de nombreux émules. La pierre angulaire de cette entreprise reste la Barre des Ecrins (ou les Ecrins, 4102 m) dans les Alpes françaises du Dauphiné, à quelques 150 km au sud du Mont-Blanc.

Après avoir ajouté ce sommet à sa collection, Blodig écrivit dans son livre «Les 4000 des Alpes»: «Le monde de la montagne doit être saisi et aimé comme un tout; les yeux et le cœur ouverts, nous devons laisser pénétrer en nous toute la nature qui nous entoure, animaux et plantes, roche et espace, lumières et couleurs.» C'est cette manière de voir que nous voudrions suggérer dans ce livre en montrant, au-delà du sommet central, les régions proches et lointaines.

Les trois points principaux de la Barre des Ecrins sont: à l'est, le sommet principal, au milieu le Pic Lory (4086 m) et enfin le Dôme

Il primo alpinista ad aver vinto tutti i 4000 delle Alpi è stato l'austriaco Karl Blodig, oggi quasi ottantenne. L'impresa di Blodig ha poi creato numerosi emuli. La pietra angolare di quella fatica resta la Barre des Ecrins (4102 m), nelle Alpi francesi del Delfinato, 150 km a sud del Monte Bianco.

Dopo aver aggiunto quella vetta alla sua singolare collezione, Blodig scrisse nel suo volume «I 4000 delle Alpi»: «Il mondo della montagna deve essere colto e amato nella sua interezza; con gli occhi ed il cuore aperti dobbiamo lasciar penetrare in noi tutta la natura che ci circonda, animali e piante, rocce e spazio, luci e colori.» È questa la visione del mondo che vorremmo far nostra, che vorremmo suggerire con questo volume mostrando, oltre alle cime più importanti, anche le regioni prossime o lontane.

Le tre vette principali della Barre des Ecrins sono: ad est, la cima maggiore, al centro il Pic Lory (4086 m) ed infine la Dôme de Neige

Die Barre des Ecrins in den französischen Dauphiné-Alpen diente dem bekannten britischen Bergsteiger Edward Whymper als Hauptprobe für seine Matterhorn-Bezwingung: Am 25. Juni 1864, ein Jahr vor seinem Walliser Abenteuer, erreichte Whymper zusammen mit vier Kameraden den Ecrins-Hauptgipfel (4102 m ü.M.) nach schwierigem Aufstieg über die vergletscherte Nordflanke.

Aus dem nächtlichen Biwak vor der Ecrins-Erstbesteigung wußte Whymper mit seinem typischen trockenen Humor eine Anekdote zum besten zu geben: «Hier konnten wir ein Beispiel der eigentümlichen Verdunstung beobachten, wie sie im Hochgebirge so häufig vorkommt. Wir hatten am Abend einen wasserdichten Sack mit fünf Flaschen Wein an einem Felsvorsprung aufgehängt. Am Morgen waren vier Fünftel des Inhaltes verschwunden. Das war seltsam, denn weder ich noch meine Freunde hatten getrunken, und die Führer erklärten alle, niemand habe die Flaschen berührt. So ließ sich denn die merkwürdige Erscheinung durch nichts anderes erklären als durch die Trockenheit der Luft. Schließlich entdeckte ich, daß die Verdunstung ganz aufhörte, als ich den Sack mit den Weinflaschen des Nachts als Kopfpolster benutzte.» Nun, auch ohne Wein, der in den Pionierzeiten des Alpinismus als Stärkungsmittel auf keiner Bergfahrt fehlen durfte, erreichte Whymper glücklich den Ecrins-Gipfel.

L'ascension de la Barre des Ecrins dans les Alpes françaises du Dauphiné fut pour le célèbre alpiniste anglais Edward Whymper une sorte de répétition générale avant sa victoire sur le Cervin: le 25 juin 1864, un an avant son aventure Valaisanne, Whymper atteignit avec quatre compagnons le sommet principal de la Barre (4102 m), après une ascension difficile sur les glaciers de la face Nord.

A propos de leur dernier bivouac, Whymper, très pince-sans-rire, raconte une anecdote: «Nous pûmes ici observer un phénomène courant d'évaporation tel qu'on le rencontre souvent en haute montagne. Le soir, nous avions suspendu un sac imperméable contenant cinq bouteilles de vin à un bequet rocheux. Le matin, les quatre cinquièmes du contenu avaient disparu. C'était étrange, car ni mes amis ni moi n'avions bu, et les guides déclarèrent tous n'avoir pas touché aux bouteilles. Ce phénomène bizarre ne se laissait donc expliquer que par la sécheresse de l'air. Je découvris finalement que l'évaporation cessait dès que j'utilisais le sac comme oreiller.» Quoi qu'il en soit, même sans le vin fortifiant dont les pionniers de l'alpinisme ne pouvaient se passer, Whymper réussit la première ascension des Ecrins.

L'ascensione della Barre des Ecrins nelle Alpi francesi del Delfinato fu, per il celebre alpinista inglese Edward Whymper, una specie di prova generale prima della sua vittoria sul Cervino: il 25 giugno 1864, un anno prima dell'avventura sul gigante delle Pennine, Whymper raggiunse con quattro compagni la cima principale della Barre (4102 m), dopo una difficile ascensione sui ghiacciai del versante settentrionale. A proposito del loro ultimo bivacco, Whymper, con humor molto anglosassone, racconta un aneddoto: «Noi potemmo qui osservare un comune fenomeno di evaporazione, del tipo che s'incontra spesso in alta montagna. La sera, avevamo appeso un sacco impermeabile contenente cinque bottiglie di vino ad uno spuntone roccioso. L'indomani, i quattro quinti del contenuto era scomparso. Era strano, perché né i miei compagni né io avevamo bevuto, e tutte le guide dichiararono di non aver toccato le bottiglie. Quel bizzarro fenomeno non si spiegava dunque che con la secchezza dell'aria. Scoprii infine che l'evaporazione cessava quando utilizzai il sacco come guanciale.» Comunque, anche privo di quel vino fortificante senza il quale i pionieri dell'alpinismo non potevano, a quanto sembra, operare, Whymper riuscì a compiere la prima ascensione della Barre des Ecrins.

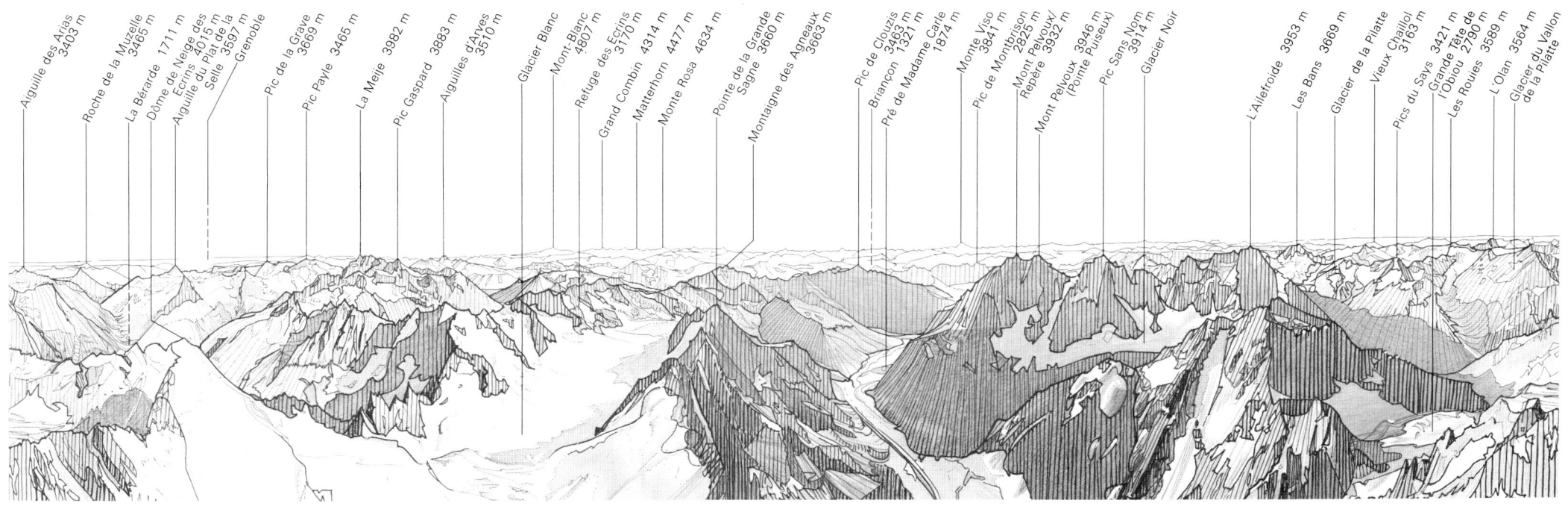

Aiguille des Arias 3403 m · Roche de la Muzelle 3465 m · La Bérarde 1711 m · Dôme de Neige des Ecrins 4015 m · Aiguille du Plat de la Selle 3597 m · Grenoble · Pic de la Grave 3669 m · Pic Payle 3465 m · La Meije 3992 m · Pic Gaspard 3883 m · Aiguilles d'Arves 3510 m · Glacier Blanc · Mont-Blanc 4807 m · Refuge des Ecrins 3170 m · Grand Combin 4314 m · Matterhorn 4477 m · Monte Rosa 4634 m · Pointe de la Grande Sagne 3660 m · Montagne des Agneaux 3663 m · Pic de Clouzis 3463 m · Briançon 1321 m · Pré de Madame Carle 1874 m · Monte Viso 3841 m · Pic de Montbrison 2825 m · Mont Pelvoux/Repère 3932 m · Mont Pelvoux (Pointe Puiseux) 3946 m · Pic Sans Nom 3914 m · Glacier Noir · L'Ailefroide 3953 m · Les Bans 3669 m · Glacier de la Pilatte · Vieux Chaillol 3163 m · Pics du Says 3421 m · Grande Tête de l'Obiou 2790 m · Les Roures 3589 m · L'Olan 3564 m · Glacier du Vallon de la Pilatte

bung ins Bild rückt. Barre des Ecrins: Barre bedeutet Riegel oder auch Barriere, Ecrins ist die Bezeichnung für eine Schmuckschatulle. Beides trifft zu. Drei Gipfel bilden gleich einem Riegel die Kulmination, nämlich im Osten der Hauptgipfel, gefolgt vom Mittelgipfel Pic Lory (4086 m ü. M.) und dem Westgipfel Dôme de Neige (Schneedom, 4015 m ü. M.). Und daß die südlichste Viertausender-Gruppe der Alpen einen besonderen Landschaftsschatz darstellt, kann man

sich von Kennern gerne bestätigen lassen. Toni Hiebeler etwa meint im «Lexikon der Alpen»: «In dieser alpinen Formenwelt beeindrucken zahlreiche hohe Berge, enge Schluchten und Gletscher; Seen und Waldflecken sind weitere Landschaftselemente der Gebirgsszenerie.»
Das aus granitischen Gesteinen bestehende Massiv der Barre des Ecrins wird übrigens oft auch als Pelvoux-Gruppe bezeichnet – nach dem wenig südöstlich des Hauptgipfels ge-

legenen Mont Pelvoux (3914 m ü. M.). Der größte Teil des Gebietes gehört zum 1973 gegründeten Naturreservat Parc National des Ecrins. Daß die Behörden mit dem Naturschutz Ernst machen, ist erfreulich: So mußte unser Fotograf Willi P. Burkhardt für eine Helikopterflug-Sonderbewilligung saftige Gebühren bezahlen.
Die Dauphiné, wo sich in Klima und Landschaft bereits erste Mittelmeer-Einflüsse geltend machen, ist touristisch weniger stark er-

de Neige (4015 m), sommet occidental. Ce groupe de 4000, le plus méridional des Alpes, présente indéniablement une grande richesse de paysages. Toni Hiebeler en parle dans son «Lexique des Alpes»: «Dans ce massif alpin, le nombre de hautes montagnes, de gorges étroites et de glaciers est impressionnant; des lacs et des grandes forêts s'ajoutent à ce vaste paysage de montagne.»
Le massif granitique des Ecrins est souvent appelé massif du Pelvoux, à cause du Mont

Pelvoux (3914 m), situé légèrement au sud-est de la Barre. La majeure partie de ces montagnes appartient au Parc National des Ecrins, réserve naturelle créée en 1973. On peut se réjouir de voir que les autorités ont pris au sérieux la protection de la nature. Notre photographe Willi P. Burkhardt dût ainsi payer une forte somme pour obtenir une autorisation spéciale de survol en hélicoptère. Le Dauphiné, où le climat et les paysages témoignent des premières influences médi-

terranéennes, est moins ouvert au tourisme que la Savoie voisine. On y trouve cependant déjà quelques-unes de ces grandes stations de sport d'hiver, telles Les Deux Alpes et l'Alpe d'Huez au-dessus de la vallée de la Romanche.

(4015 m), ch'è la vetta occidentale. Quel gruppo di 4000, il più meridionale delle Alpi, presenta innegabilmente una grande ricchezza di paesaggi. Toni Hiebeler ne parla nel suo «Lessico delle Alpi»: «In quel massiccio alpino, il numero di alte montagne, di gole strette e ghiacciai è impressionante; laghi e grandi foreste si aggiungono a quel vasto paesaggio di montagna.»
Il massiccio granitico degli Ecrins è chiamato spesso massiccio del Pelvoux a causa del

Mont Pelvoux (3914 m), posto leggermente a sud-est. La maggior parte di quelle montagne sono comprese nei confini del Parco Nazionale degli Ecrins, una riserva naturale creata nel 1973. Ci si può rallegrare nel constatare che le autorità hanno provveduto con serietà alla protezione della natura. Il nostro fotografo Willi P. Burkhardt ha dovuto così pagare una forte somma per ottenere l'autorizzazione a sorvolare la zona con il suo elicottero.

Il Delfinato, dove il clima e il paesaggio ancora risentono delle influenze mediterranee, è meno aperto al turismo della vicina Savoia. Tuttavia, vi si trovano alcune grandi stazioni per gli sport invernali, come Les Deux-Alpes e l'Alpe d'Huez, al di sopra della Valle della Romanche.

Die Alpe d'Huez zählt zu den größten Wintersportorten Frankreichs. Im Sommer weiden hier die Rinderherden.

L'Alpe d'Huez, l'une des principales stations françaises de sports d'hiver; l'été, les troupeaux de bovins succèdent aux sportifs.

L'Alpe d'Huez è una delle stazioni di sport invernali più importanti della Francia. D'estate pascolano in questa zona le mandre di bovini.

schlossen als das nördlich anschließende Savoyen. Indessen gibt es auch hier bereits einige jener Wintersportstationen aus der Retorte, so Les Deux-Alpes und L'Alpe d'Huez über dem Romanche-Tal. Der Bergfreund tut gut daran, diese im Sommer geisterhaft-verlassenen Betonburgen zu meiden.

Die Pointe de la Grande Casse ▶ (3852 m ü. M.) als höchster Gipfel des Naturschutzgebietes in der Vanoise.

Pointe de la Grande Casse (3852 m), le plus haut sommet de la réserve naturelle du massif de la Vanoise.

La Pointe de la Grande Casse (3852 m), la più alta vetta della zona protetta della Vanoise.

Auf 3700 m Flughöhe über dem Aostatal zeigen sich die Gipfel des Gran Paradiso (rechts) und der Grivola. Am linken Bildrand die Ortschaft Cogne.

Les cimes du Grand Paradis (à droite) et du Mont Grivola se silhouettent au-dessus du Val d'Aoste. Depuis l'altitude de vol de 3700 m, dans l'angle gauche, village de Cogne.

Dall'aeroplano che vola sopra la valle d'Aosta ad un'altezza di 3700 m, si vedono le cime del Gran Paradiso (a destra) e della Grivola. Al margine sinistro della fotografia, il villaggio di Cogne.

◀Der Col du Galibier von Süden. Diese Paßstraße verbindet St-Michel-de-Maurienne mit Grenoble und Briançon.

Le Col du Galibier vu depuis le sud. La route qui l'emprunte relie St-Michel-de-Maurienne à Grenoble et à Briançon.

Il Col du Galibier da sud. Questo valico allaccia St-Michel-de-Maurienne con Grenoble e Briançon.

◀◀Gipfel und Gletscher in harmonischer Abfolge; von links nach rechts: Mont Pelvoux, Glacier Noir, Les Ecrins, Glacier Blanc, La Meije.

Cimes et glaciers se succèdent harmonieusement; de gauche à droite: Mont Pelvoux, Glacier Noir, Les Ecrins, Glacier Blanc, La Meije.

Cime e ghiacciai in una susseguenza armoniosa; da sinistra a destra: Mont Pelvoux, Glacier Noir, Les Ecrins, Glacier Blanc, La Meije.

GRAN PARADISO
GRAND PARADIS

Im königlichen Jagdrevier konnten die
letzten Alpensteinböcke überleben.

Dans la réserve de chasse royale où ont pu
survivre les derniers bouquetins des Alpes.

Nella riserva reale di caccia dove
sopravvissero gli ultimi stambecchi.

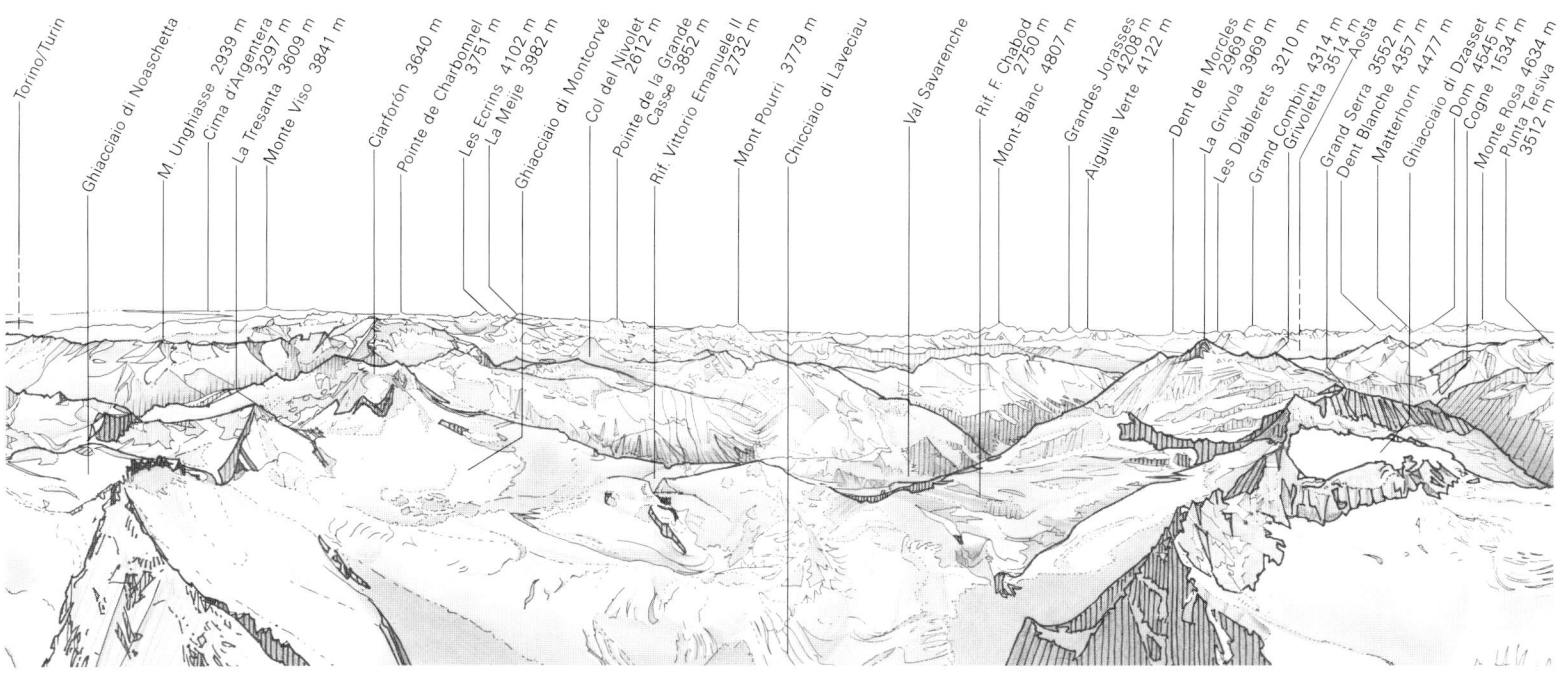

Torino/Turin · Ghiacciaio di Noaschetta · M. Unghiasse 2939 m · Cima d'Argentera 3291 m · La Tresanta 3609 m · Monte Viso 3841 m · Ciarforòn 3640 m · Pointe de Charbonnel 3751 m · Les Ecrins 4102 m · La Meije 3982 m · Ghiacciaio di Montcorvé · Col del Nivolet 2612 m · Pointe de la Grande Casse 3852 m · Rif. Vittorio Emanuele II 2732 m · Mont Pourri 3779 m · Ghiacciaio di Laveciau · Val Savarenche · Rif. F. Chabod 2750 m · Mont-Blanc 4807 m · Grandes Jorasses 4208 m · Aiguille Verte 4122 m · Dent de Morcles · La Grivola 3969 m · Les Diablerets 3210 m · Grand Combin 4314 m · Grivoletta 3514 m · Grand Serra 3652 m · Dent Blanche 4357 m · Matterhorn 4477 m · Ghiacciaio di Dzasset · Dom 4545 m · Cogne 1534 m · Monte Rosa 4634 m · Punta Tersiva 3512 m

Der Name verpflichtet: Gran Paradiso nennen die Italiener den einzigen Viertausender (4061 m ü. M.), der ganz auf ihrem Staatsgebiet liegt. Auf französisch heißt die markante Gebirgsgruppe in den Grajischen Alpen mit dem gleichnamigen kulminierenden Gipfel Grand Paradis. Hier verläuft die Sprachgrenze übrigens nicht der Staatsgrenze entlang: Im italienischen Aostatal nördlich des Gran Paradiso spricht man Französisch. Der Viertausender selber läge hart an der Sprachgrenze – sofern dort oben überhaupt eine solche durch die menschenleere Fels- und Eiswildnis verliefe.

Wo es keine ständigen Einwohner gibt, bleiben auch Touristen flüchtige Gäste. Unbestrittene Herrscher am Gran Paradiso sind die Steinböcke. Rund 4000 Stück leben im 56 000 ha umfassenden Reservat, an das jenseits der Grenze nahtlos der französische Vanoise-Nationalpark anschließt. Die königlichen Tiere verdanken ihr Dasein einem König. Zu Beginn des 19. Jahrhunderts gehörte dieser Teil der Westalpen zum Königreich Sardinien-Piemont und diente als bevorzugtes Jagdgebiet des Herrschers. Vittorio Emanuele II. war ein verständiger Waidmann. Während sonst überall die Steinböcke in jener Zeit praktisch ausgerottet wurden, ließ er seinem Bestand Sorge angedeihen. Tiere vom Gran Paradiso wurden später an zahlreichen anderen Stellen in den Alpen ausgesetzt und bildeten die Grund-

Noblesse oblige: les italiens appellent Gran Paradiso le seul 4000 (4061 m) qui soit entièrement en terre italienne. Pour les français, le Grand Paradis désigne à la fois le massif et le point culminant des Alpes Grées. Du reste, la frontière linguistique ne suit pas la frontière entre états: le Val d'Aoste, au nord du Grand Paradis, parle français. Et le 4000 lui-même serait sur cette frontière, pour autant qu'on puisse parler de frontière linguistique dans un désert de pierre et de glace inhabité.

Là où aucun habitant ne s'est fixé, les touristes eux-mêmes ne font que passer. Les maîtres incontestés du Grand Paradis sont les bouquetins. Environ 4000 bêtes vivent sur cette réserve de 56 000 hectares à laquelle se rattache directement le parc français de la Vanoise. Ces animaux royaux doivent leur survie à un roi. Au début du XIXe siècle, cette partie des Alpes Occidentales appartenait au royaume de Sardaigne et du Piémont, et constituait le domaine de chasse préféré du souverain. Victor Emmanuel II était un chasseur sensé.

Alors que partout ailleurs, à cette époque, on exterminait les bouquetins, il les protégea. Plus tard, les bêtes du Grand Paradis furent transportées en de nombreux autres endroits des Alpes et furent à l'origine de colonies florissantes.

L'ancienne réserve de chasse royale est maintenant un terrain de jeux pour les alpinistes, et les vallées limitrophes un lieu privi-

Il titolo impegna: Gran Paradiso è infatti la denominazione data dagli Italiani all'unica vetta di oltre 4000 m (4061 m s.m.) che si erge interamente sul loro territorio nazionale. In francese, il marcante gruppo montuoso delle Alpi Graie dalla vetta omonima, si chiama «Grand Paradis». D'altronde, il confine linguistico non segue il confine nazionale: in Val d'Aosta, a nord del Gran Paradiso si parla il francese. La cima stessa si troverebbe a ridosso del confine linguistico – premesso che ve ne fosse uno la sù in quel deserto selvaggio di rocce e ghiacciai.

Là, dove nessun uomo ha fissato la propria dimora, anche i turisti sono solo di passaggio. I padroni incontrastati del Gran Paradiso sono gli stambecchi. Sono circa 4000 gli animali che vivono in quella riserva di 56 000 ettari alla quale s'è poi aggregato il Parco francese della Vanoise. Quegli animali maestosi devono la loro sopravvivenza alla passione venatoria di un re. All'inizio del XIX se- colo quella regione alpina apparteneva al Regno di Savoia, con il Piemonte e la Sardegna, e costituiva il terreno di caccia preferito dal sovrano. Vittorio Emanuele era un cacciatore egoista ma, a sua insaputa, lungimirante. Mentre ovunque, all'epoca, gli stambecchi venivano sterminati, egli li protesse per trarne soddisfazioni ulteriori. Più tardi, gli animali del Gran Paradiso furono trasportati in numerose altre località delle Alpi e furono all'origine di fiorenti colonie.

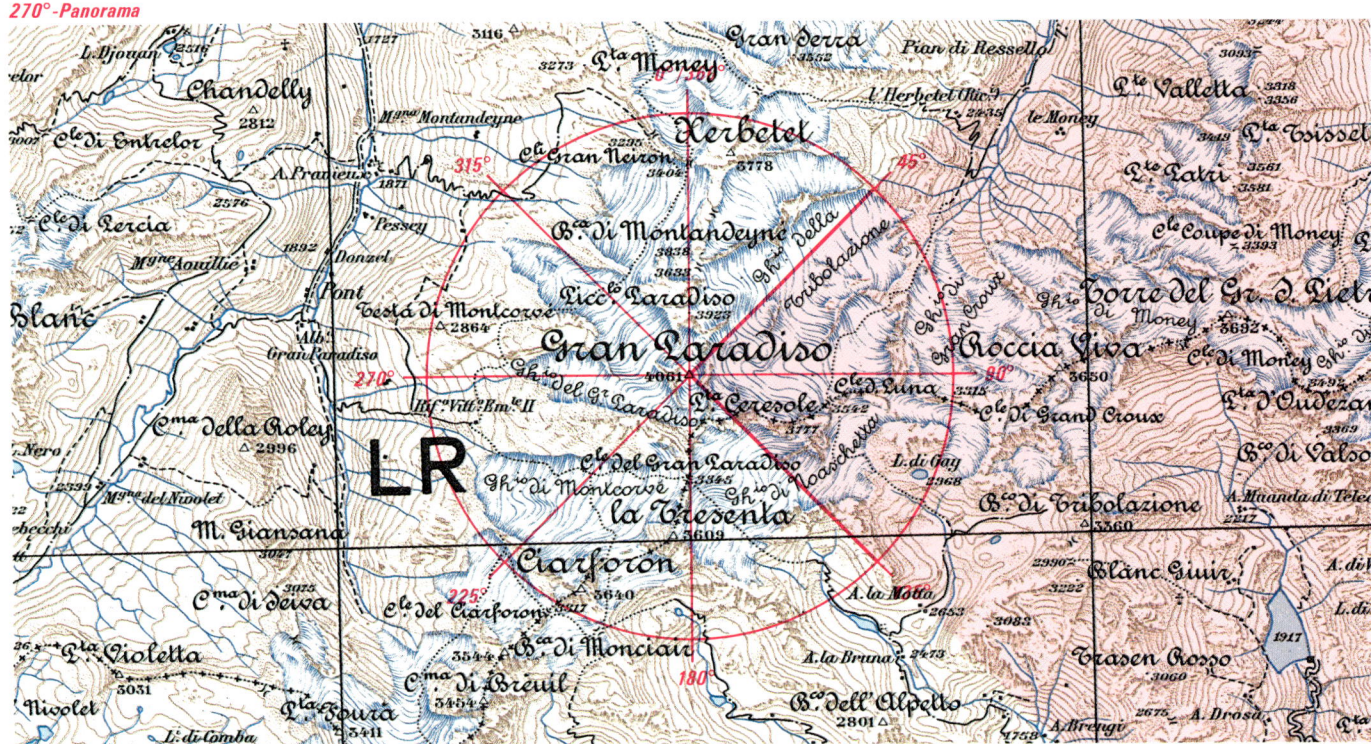

LR

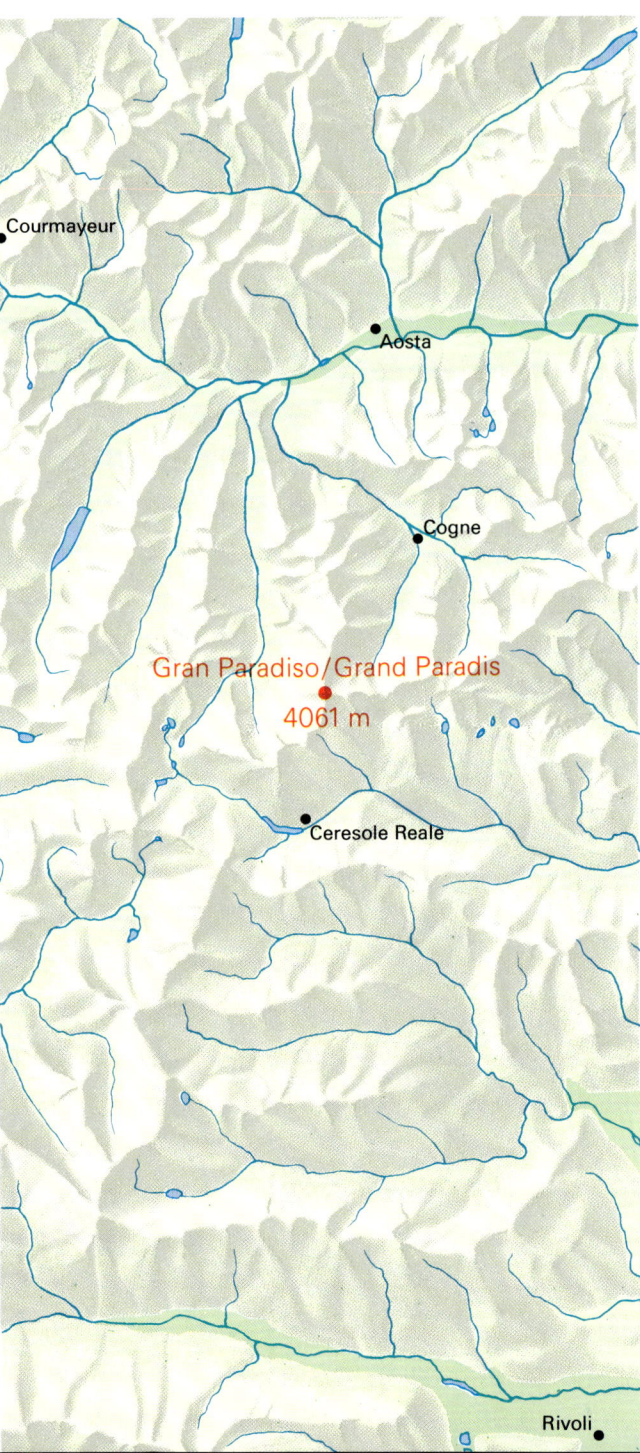

lage blühender Kolonien. Das einstige königliche Jagdrevier ist heute Tummelplatz der Alpinisten, und die angrenzenden Täler sind ein beliebtes Wandergebiet. Bis auf 2600 m ü. M. führen Straßen – kein Wunder, hat sich die Gran-Paradiso-Gruppe zum Naherholungsgebiet der Einwohner von Turin entwickelt.
Zum Glück ist die Gegend so weitläufig, daß sie auch in der Hochsaison kaum je überbelegt wirkt. Denn wo in den Bergen Gedränge

légié de promenade. Les routes parviennent à 2600 mètres et il n'est pas étonnant que le Grand Paradis soit devenu le lieu de détente favori des Turinois. La région est heureusement assez vaste pour ne pas donner, même en haute saison, une impression de surpeuplement, car en montagne, là où il y a foule, on ne peut plus guère parler de paradis.
Pour la population des environs, le tourisme est une richesse appréciable. Des vallées entières dans la région d'Aoste, en premier lieu

L'antica riserva di caccia è ora un terreno di gioco per gli alpinisti, mentre le valli limitrofe sono luogo privilegiato per stupende passeggiate. Le strade giungono fino ai 2600 metri e non deve stupire che il Gran Paradiso sia il massiccio preferito dai torinesi per godervi le loro vacanze. Il territorio è, per fortuna, tanto vasto da non dare mai, nemmeno durante l'alta stagione, l'impressione del sovraffollamento. Perché in montagna, là dove vi è la folla, non si può più parlare di paradiso.

◀◀ Ein Berufskollege unseres Panoramajägers Willi P. Burkhardt führte die winterliche Erstbesteigung des Gran Paradiso (4061 m ü. M.) in den Grajischen Alpen aus: 1885 gelangte V. Sella, Pionier der Bergfotografie, zusammen mit drei Begleitern auf den verschneiten Gipfel aus massivem Granitgestein. Die allererste Bezwingung des Berges im Süden von Aosta war am 4. September 1860 durch die Engländer J. J. Cowell und W. Dundas erfolgt; sie wurden von zwei Bergführern aus Chamonix begleitet.
In der alpinistischen Literatur werden die Vorzüge des Gran Paradiso in höchsten Tönen gelobt. 1879 schrieb M. Baretti: «Seine Gletscher können sich allerdings nicht mit jenen von Chamonix, vom Monte Rosa und den Berner Alpen messen, aber ersetzen das, was ihnen an Ausdehnung gebricht, durch hochpoetische, malerische Szenerie. Die Gipfel der Gruppe weisen zumeist höchst auffallende bizarre Formen auf; es sind turmartige, phantastische Gebilde, wie man sie in den Alpen kaum anderswo antrifft.»

C'est un confrère de notre photographe Willi P. Burkhardt qui accomplit la première ascension hivernale du Grand Paradis (4061 m) dans les Alpes Grées: en 1885, V. Sella, pionnier de la photographie de montagne, arriva avec trois compagnons sur ce sommet granitique recouvert de neige. La première ascension estivale avait été faite le 4 septembre 1860 par les anglais J. J. Cowell et W. Dundas, accompagnés par deux guides de Chamonix. Dans la littérature alpine, on ne se prive pas de louer les beautés du Grand Paradis. En 1879, M. Baretti écrivait: «On ne peut comparer ses glaciers à ceux de Chamonix, du Mont Rose ou des Alpes

Bernoises, mais leur manque d'ampleur est compensé par un paysage pittoresque et hautement poétique. Les sommets du massif frappent par leurs formes fantastiques qui dessinent des figures comme l'on en rencontre peu dans les Alpes.»

Fu un confratello del nostro cacciatore d'immagini Willi P. Burkhardt il primo a compiere l'ascensione invernale del Gran Paradiso (4061 m) nelle Alpi Graie: nel 1885, Vittorio Sella, pioniere della fotografia di montagna, giunse con tre compagni su quella vetta granitica ricoperta di neve. La prima ascensione assoluta era stata effettuata il 4 settembre 1860 dagli inglesi J. J. Cowell e W. Dundas, accompagnati da due guide di Chamonix.
La letteratura alpina è ricca di pagine in onore della bellezza del Gran Paradiso. Nel 1879, M. Baretti scriveva: «Non si possono paragonare i suoi ghiacciai a quelli del Monte Bianco, del Monte Rosa o delle Alpi Bernesi, ma la loro mancanza di ampiezza è compensata da un paesaggio pittoresco ed altamente poetico. Le vette del massiccio stupiscono per le loro forme fantastiche che disegnano figure quali è dato incontrare di rado sulle Alpi.»

Die Tête du Ruitor (3486 m
ü. M.) mit dem gleichnamigen
Gletscher, vom Mont Belvédère am Kleinen Sankt Bernhard
aus gesehen.

Tête du Ruitor (3486 m) et
glacier du même nom vus du
Mont Belvédère, près du col du
Petit Saint-Bernard.

La Tête du Ruitor (3486 m
s.l.m.) col ghiacciaio omonimo
vista dal Mont Belvédère nella
zona del Piccolo San Bernardo.

herrscht, pflegt der Reiz des Paradiesischen
bald zu schwinden. Für die Bevölkerung im
weiteren Umkreis bringt der Fremdenverkehr
willkommene Beschäftigung. Ganze Tal-
schaften in der Gegend von Aosta — allen
voran das Tal von Cogne — leben zunehmend
vom Tourismus.
Wo indessen (noch) keine Fremden hinge-
langen, vor allem im Westen und Süden der
Gran-Paradiso-Region, entvölkern sich die
einst alpwirtschaftlich genutzten Gebiete
und werden nach und nach der Natur überlassen.

le Val de Cogne, vivent essentiellement de
cette activité. A l'Ouest et au Sud du Grand
Paradis, par contre, dans les régions que le
tourisme n'a pas encore touché, la population émigre. Ces pays qui vivaient autrefois
de l'économie alpestre, se dépeuplent et la
nature y reprend peu à peu le dessus.

Per le popolazioni di quelle valli il turismo è
una ricchezza apprezzabile. Interi comuni
valdostani, particolarmente Cogne, vivono
essenzialmente di quell'attività. Ad ovest ed
a sud del Gran Paradiso al contrario, nelle
regioni che il turismo ha solo sfiorato, la popolazione è costretta ad emigrare. I paesi che
vivono esclusivamente sull'economia alpestre si vanno così spopolando e la natura ne
riprende lentamente possesso.

Der Mont-Blanc (4807 m ü. M.), wie ihn die Italiener sehen, mit dem Glacier de la Brenva. Blick aus südwestlicher Richtung von der Tête d'Arpy aus.

Le Mont-Blanc (4807 m) et le glacier de la Brenva, tels qu'on les voit en direction du nord-est depuis la Tête d'Arpy, sur le versant italien.

Il versante italiano del Monte Bianco (4807 m s.l.m.) con il ghiacciaio della Brenva visto da sud-ovest, dalla Tête d'Arpy.

An der italienisch-französischen Sprachgrenze liegt der Col del Nivolet (2612 m ü. M.), zwischen dem Valle di Locana und dem Val Savaranche.

A la frontière linguistique du français et de l'italien, le col du Nivolet (2612 m), entre la Vallée de Locana et le Val Savaranche.

Il Col del Nivolet (2612 m s.l.m.) si trova al confine linguistico italo-francese tra la Valle di Locana e la Valle Savaranche.

Aus dem grünen Aostatal ein Blick Richtung Süden zur Gran-Paradiso-Gruppe. Die Stadt Aosta liegt am linken Bildrand; die Aufnahme entstand beim Bergdorf Homené.

Le Grand Paradis vu en direction du sud depuis la verte Vallée d'Aoste. La ville d'Aoste est visible à gauche de la photo prise depuis le village montagnard d'Homené.

Dalla verde Val d'Aosta la vista spazia verso sud sul gruppo del Gran Paradiso. La città d'Aosta si trova al margine sinistro della fotografia; questa venne scattata nelle vicinanze del villaggio alpino di Homené.

MONT-BLANC
MONTE BIANCO

Europas höchster Berg gilt als Traumgipfel
jedes Alpinisten.

Le plus haut sommet d'Europe, rêve de tout
alpiniste.

La più alta cima d'Europa, il sogno di tutti
gli alpinisti.

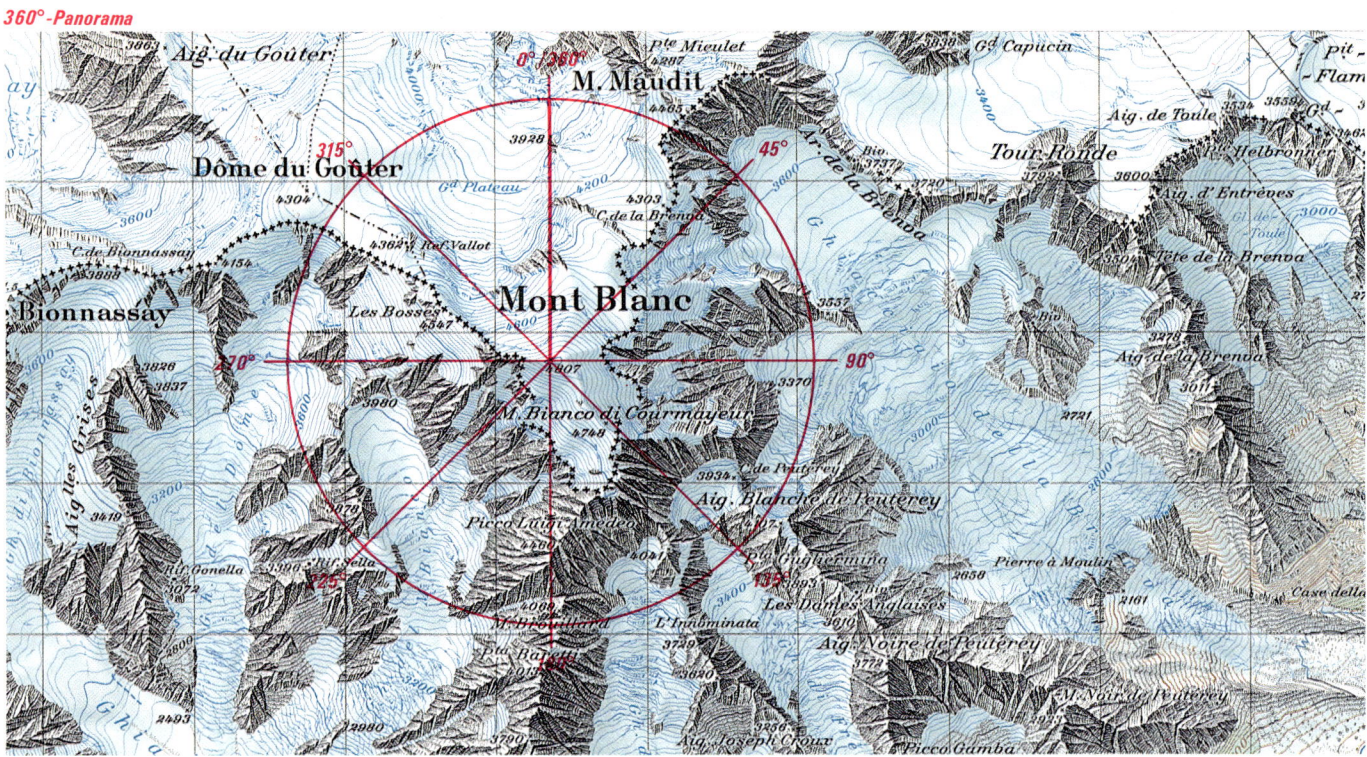

Nicht allein schiere Rekordsucht ist es, die den Mont-Blanc (4807 m ü. M.) zum Traumziel aller Bergsteiger macht. Auch für sich genommen, entwickelt Europas höchster Gipfel eine unwiderstehliche Anziehungskraft. Griffiger Granit als Kletterfels, makelloses Weiß des Firns (das dem Mont-Blanc auch im Deutschen den Beinamen «weißer Berg» eingetragen hat), unvergleichliche Rundsicht – dieser alpinistische Dreiklang erfüllt wahrlich alle Wünsche.

Der Hauptgipfel selber liegt ganz auf französischem Boden. In die Mont-Blanc-Gruppe jedoch teilen sich Frankreich und Italien; strenggenommen hat sogar die Schweiz im Nordosten Anteil an seinem Massiv, und das Val Ferret im Kanton Wallis liegt zu seinen Füßen.
Der Anstieg ist sowohl von Chamonix im Nordwesten wie auch vom Aostatal im Südosten möglich; Traversierungen sind ebenfalls häufig. Nach alpinistischen Begriffen ist

Ce n'est pas seulement par simple manie des records que tout alpiniste rêve d'atteindre un jour la cime du Mont-Blanc, à 4807 mètres. Le plus haut sommet d'Europe exerce une force d'attraction irrésistible. Son granit taillé pour l'escalade, la neige de ses glaciers, et ses panoramas incomparables font que chacun y trouve de quoi satisfaire ses vœux.
Le sommet principal lui-même est sur le sol français. Mais la France et l'Italie se partagent le massif. Au sens propre, la Suisse pos-

sède elle aussi une partie du massif du Mont-Blanc avec le Val Ferret dans le canton du Valais qui s'étend à sa base. Les trois pays se regroupent au sommet du Mont Dolent. L'ascension est possible aussi bien au départ de Chamonix au nord-ouest que du Val d'Aoste au sud-est. Les traversées possibles sont également nombreuses. Sur le plan alpin, le Mont-Blanc est une montagne relativement facile par la route d'ascension habituelle. Mais son ascension réclame une

Non è soltanto per smania di primati che tutti gli alpinisti sognano di giungere un giorno sulla cima del Monte Bianco, a 4807 metri d'altitudine. La montagna più alta d'Europa esercita una forza d'attrazione irresistibile. Il suo granito pare scolpito per l'arrampicata, la neve dei suoi ghiacciai ed i suoi incomparabili panorami fanno sì che ognuno trovi quanto serve a soddisfare le proprie attese. La vetta principale è, per pochi metri, in territorio francese, ma il massiccio è equamente

diviso tra la Francia e l'Italia. Per la verità, a nord-est anche la Svizzera possiede una parte del massiccio del Monte Bianco; la Val Ferret nel cantone Vallese giace ai suoi piedi. L'ascensione è ugualmente possibile sia partendo da Chamonix, a nord-ovest, che da Courmayeur a sud-est. Le traversate sono pure numerose. Sul piano alpinistico il Monte Bianco non è una montagna difficile se percorso lungo la via d'ascesa abituale. La sua ascensione richiede però una buona

8. August 1786, abends 18.23 Uhr: ein historischer Augenblick für den Alpinismus. Genau zu dieser Minute betraten der Kristallsucher Jean-Jacques Balmat und der Arzt Gabriel Paccard aus Chamonix Europas höchsten Berg, den Mont-Blanc in den Savoyer Alpen (4807 m ü. M.). Dem Gipfelsturm folgte alsdann ein kühles Freilager auf dem Gletschereis.
Fast genau ein Jahr später, am 3. August 1787, führte Balmat den Genfer Geologen Horace-Bénédict de Saussure zusammen mit 18 Begleitern auf den Gipfel. Dieser Naturforscher-Expedition folgten seither zahllose (freilich vor allem alpinistisch ausgerichtete) Besteigungen. Erstbesteiger Balmat übrigens, der von de Saussure eine beträchtliche Belohnung erhielt, wurde zur geachteten Persönlichkeit in seinem Heimatdorf Chamonix (heute ein geschäftiges Touristenzentrum), wo auch sein Denkmal steht.
Nicht für Geld, sondern für gute Worte bezwang die erste Frau den Mont-Blanc: das 23jährige Bauernmädchen Marie Paradis, ebenfalls aus Chamonix. Im Sommer 1809 war sie von einigen Führern der Balmat-Familie überredet worden, das Wagnis einzugehen. Zwar verlief die Tour ohne Unfall, aber die gute Marie hatte viel zu leiden. «Man faßte mich zu beiden Seiten unter den Armen und zog mich hinauf», berichtete sie. «Ich schnaufte, wie es die Hühner tun, wenn sie sehr heiß haben. Oben angekommen, konnte ich nicht sehen, nicht atmen, nicht sprechen.» Wirklich schade, daß Marie Paradis der atemberaubende Rundblick entging. Freilich gibt es auch in unseren Tage Leute, die das Panorama kaum mitbekommen – weil sie so sehr in Eile sind. Solche Rekordjäger «machen» den Mont-Blanc in knapp sechs Stunden . . . und melden sich keine neun Stunden nach dem Start wieder in Chamonix zurück!

8 août 1786, 18 h 23: moment historique pour l'alpinisme. A cette minute précise, Jean-Jacques Balmat, chercheur de cristaux, et Michel-Gabriel Paccard, médecin à Chamonix, posent le pied sur le plus haut sommet d'Europe, le Mont-Blanc (4807 m).
Exactement un an plus tard, le 3 août 1787, Balmat conduisit au sommet le géologue genevois Horace-Bénédict de Saussure ainsi que dix-huit autres personnes. Cette expédition de naturalistes fut suivie de nombreuses autres ascensions, la plupart ayant, il est vrai, un caractère sportif. Quant au premier ascensionniste Balmat, qui reçut de Saussure une forte récompense, il devint une personnalité à Chamonix, son village natal, qui lui éleva une statue. Chamonix est aujourd'hui un centre touristique très animé; la capitale de l'alpinisme.

La première femme à gravir le Mont-Blanc le fit non pour de l'argent, mais pour de belles paroles: c'était Marie Paradis, une jeune paysanne de Chamonix, âgée de 23 ans. L'été 1809, quelques guides de la famille Balmat la persuadèrent de tenter l'aventure. Certes, il n'y eut pas d'accident, mais la pauvre Marie en vit de toutes les couleurs. «On me saisit sous les deux bras en me tirant vers le haut», raconta-t-elle. «Je haletais comme les poules lorsqu'elles ont chaud. Arrivée en haut, je ne pouvais ni voir, ni respirer, ni parler.» Il est dommage que Marie n'ait pu profiter de cette vue... à vous couper le souffle.
A dire vrai, bien des gens, de nos jours encore, voient à peine le panorama: ils sont si pressés! De tels recordmen «font» le Mont-Blanc en six heures, et se retrouvent à Chamonix moins de neuf heures après le départ.

8 agosto 1786, ore 18 e 23: momento storico per l'alpinismo. In quel minuto preciso, Jean-Jacques Balmat, cercatore di cristalli, e Michel-Gabriel Paccard, medico, posero piede sulla montagna più alta d'Europa, il Monte Bianco (4807 m). Esattamente un anno più tardi, il 3 agosto 1787, Balmat accompagnò sulla cima il geologo ginevrino Horace-Bénédict de Saussure con altre diciotto persone. Quella spedizione di un naturalista fu seguita da numerose altre ascensioni, la maggior parte delle quali improntate, a dire il vero, a carattere sportivo. Quanto al primo salitore Balmat, che riceveté dal de Saussure una forte ricompensa, egli divenne una personalità a Chamonix, suo paese natale, dove gli venne innalzata una statua. Chamonix è oggi un centro turistico molto animato: una delle capitali dell'alpinismo.
La prima donna che scalò il Monte Bianco non lo fece per denaro ma convinta con delle buone parole: era Marie Paradis, una giovane contadina chamoniarda di 23 anni. Durante l'estate del 1809, alcune guide della famiglia Balmat la persuasero a tentare l'avventura. Non accaddero incidenti, è vero, ma la povera Marie Paradis ne vide di tutti i colori. «Mi legarono alle ascelle e mi tirarono su – raccontò –, io ansavo come i polli quando hanno caldo. Arrivati in alto, non potevo vedere, né respirare, né parlare.» È stato un vero peccato che Marie non abbia potuto approfittare di quella vista... da mozzare il fiato. Occorre dire che anche ai giorni nostri c'è molta gente che vede a malapena il panorama: sono così di fretta! Dei tali primatisti «fanno» il Monte Bianco in sei ore e sono di ritorno a Chamonix nove ore dopo la partenza.

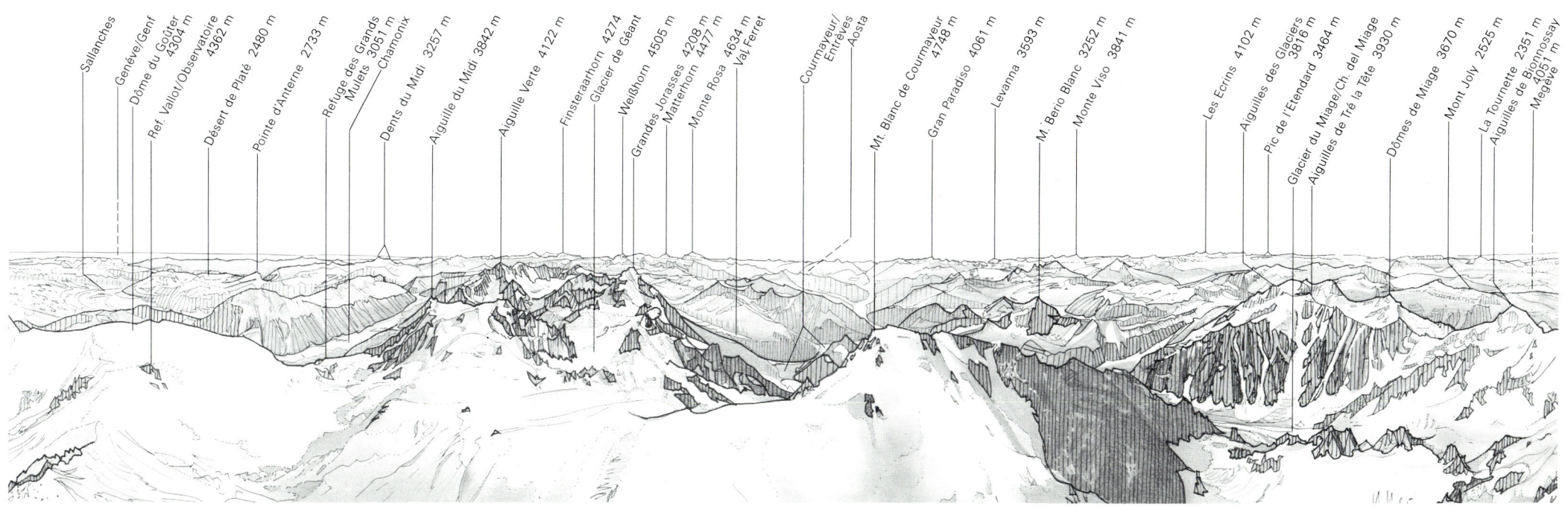

der Mont-Blanc, auf der Normalroute bestiegen, kein schwieriger Berg. Freilich stellt er einige Ansprüche an die Kondition, und in Höhen über 4000 m spüren nicht nur empfindliche Naturen Anzeichen von Sauerstoffmangel oder gar Bergkrankheit.
Für Fotoflüge liegt der Mont-Blanc an der Leistungsgrenze des Helikopters. «Es braucht einen erfahrenen Piloten, um die Maschine unter solchen Extrembedingungen stillzuhalten», erzählt Willi P. Burkhardt.

Jeder Fotohalt dauert, bis die Panorama-Kamera eingerichtet und das Bild im Kasten ist, seine zehn bis fünfzehn Minuten. Während dieser Zeit muß der Helikopter bewegungslos über dem Gipfel schweben – und zwar in gebührendem Abstand, um die Bergsteiger während ihrer wohlverdienten Rast nicht zu stören.
Fast so hoch wie der Berg selber türmt sich das alpinistische Schriftgut, das über den Mont-Blanc verfaßt wurde. Der «Monarch»,

wie er mit Vorliebe genannt wird, regt manche Feder zu Stilübungen an. Hier ein Beitrag von Oskar Erich Meyer: «Sonne. Blendendes Licht auf tausendfach blitzendem Schnee. Sturm pfeift um die Arête des Bosses. Hände voll stechender Eiskristalle wirft er mir johlend in Hals und Gesicht. Allein auf der breiten Gipfelwölbung des Weißen Berges. Hier wohnt nur die Stimme des Windes, der Schneeschauer über mich jagt. Menschen und Liebe ließ ich im Tale.»

bonne condition physique, et certains à quatre mille mètres seront déjà sensibles au manque d'oxygène et au mal des montagnes.
Pour la photographie aérienne, l'hélicoptère est ici à la limite de ses capacités. «Il faut un pilote expérimenté pour maintenir l'appareil dans des conditions aussi extrêmes», raconte Willi P. Burkhardt.
Pour régler l'objectif panoramique et prendre la photo, il faut un arrêt de dix à quinze minu-

tes. Pendant ce temps, l'hélicoptère doit rester immobile au-dessus du sommet, à une distance telle qu'il ne dérange pas les alpinistes qui y prennent un repos bien mérité.
L'empilement des livres et articles sur le Mont-Blanc serait presque aussi haut que la montagne elle-même. Le «Monarque», comme on aime à le nommer, a incité plus d'une plume à des exercices de style. Voici la contribution de Oskar Erich Meyer: «Soleil, lumière aveuglante sur la neige aux mille

éclats. La tempête mugit sur l'arête de Bosses. Elle m'égratigne le cou et le visage de ses cristaux de glace qu'elle me jette par poignées. Solitude sur le vaste sommet arrondi de la Montagne Blanche. Seule vibre ici la voix du vent qui chasse sur moi ses averses de neige. J'ai laissé en bas l'amour et les hommes.»
Willi P. Burkhardt n'a pas encore gravi le Mont-Blanc. Pour lui aussi, le plus haut sommet d'Europe reste un rêve.

condizione fisica e alcuni, a 4000 metri, già sono sensibili alla rarefazione dell'aria e al mal di montagna.
Per la fotografia aerea, l'elicottero è qui ai limiti delle sue capacità. «Occorre un pilota provetto per controllare l'apparecchio in condizioni spesso estreme», racconta Willi P. Burkhardt.
Per regolare l'obiettivo panoramico ed effettuare la ripresa, occorrono dai dieci ai quindici minuti. Durante quel tempo l'elicottero

deve restare immobile sulla montagna, ad una distanza tale da non disturbare gli alpinisti che stanno meritatamente riposando sulla cima conquistata.
La pila formata dai libri e dagli articoli scritti a proposito del Monte Bianco sarebbe forse alta quanto la montagna stessa. Il «monarca», come viene chiamato, ha eccitato in più d'una penna il desiderio di esercizi di stile. Ecco il contributo di O. E. Mayer: «Sole, luce accecante sulla neve dai mille riflessi. La

tempesta ruggisce sulla cresta delle Bosses. Mi sferza il collo ed il viso con i cristalli di ghiaccio che lancia a piene mani. Solitudine sulla vasta cima arrotondata della Montagna Bianca. Sola vibra qui la voce del vento che rovescia su di me le sue nubi di neve. Ho lasciato a valle l'amore e gli uomini.»
Willi P. Burkhardt non ha ancora scalato il Monte Bianco. Anche per lui la montagna più alta d'Europa resta un sogno.
Nel 1986 Chamonix e Courmayeur sono al

Chamonix mit der Mont-
Blanc-Gruppe.

Chamonix et massif du Mont-
Blanc.

Chamonix col gruppo del
Monte Bianco.

Mer de Glace mit der Nord-▶
wand der Grandes Jorasses
(4208 m ü. M.) und dem Dent
du Géant rechts (4013 m
ü. M.).

Mer de Glace et face nord des
Grandes Jorasses (4208 m); à
droite, la Dent du Géant
(4013 m).

Mer de Glace colla parete nord
delle Grandes Jorasses
(4208 m s.l.m.) A destra il
Dente del Gigante (4013 m
s.l.m.).

Willi P. Burkhardt hat den Mont-Blanc noch nicht bestiegen. Auch für ihn ist Europas höchster Berg ein Traumziel.
Chamonix steht im Jahr 1986 im Zeichen feierlicher Veranstaltungen anläßlich des 200jährigen Jubiläums der Mont-Blanc-Erstbesteigung. Die lange Zeit, die seit dem denkwürdigen alpinistischen Ereignis verflossen ist, hat den seinerzeitigen Streit, ob Balmat oder Paccard das größere Verdienst an der Besteigung zukam, verebben lassen.

En 1986 Chamonix est au cœur des manifestations organisées pour le bicentenaire de la première ascension du Mont-Blanc. La longue période qui s'est écoulé depuis ce mémorable haut fait d'alpinisme a atténué la controverse: qui, Balmat ou Paccard, joua le rôle principal dans la première ascension du Mont-Blanc?

centro di imponenti manifestazioni organizzate per commemorare il bicentenario della prima scalata del Monte Bianco. Il lungo periodo trascorso da questa memorabile prodezza alpinistica ha calmato le acque attorno alla controversia sorta allora circa il fatto di sapere se fu Balmat o Paccard a svolgere il ruolo principale durante l'ascensione.

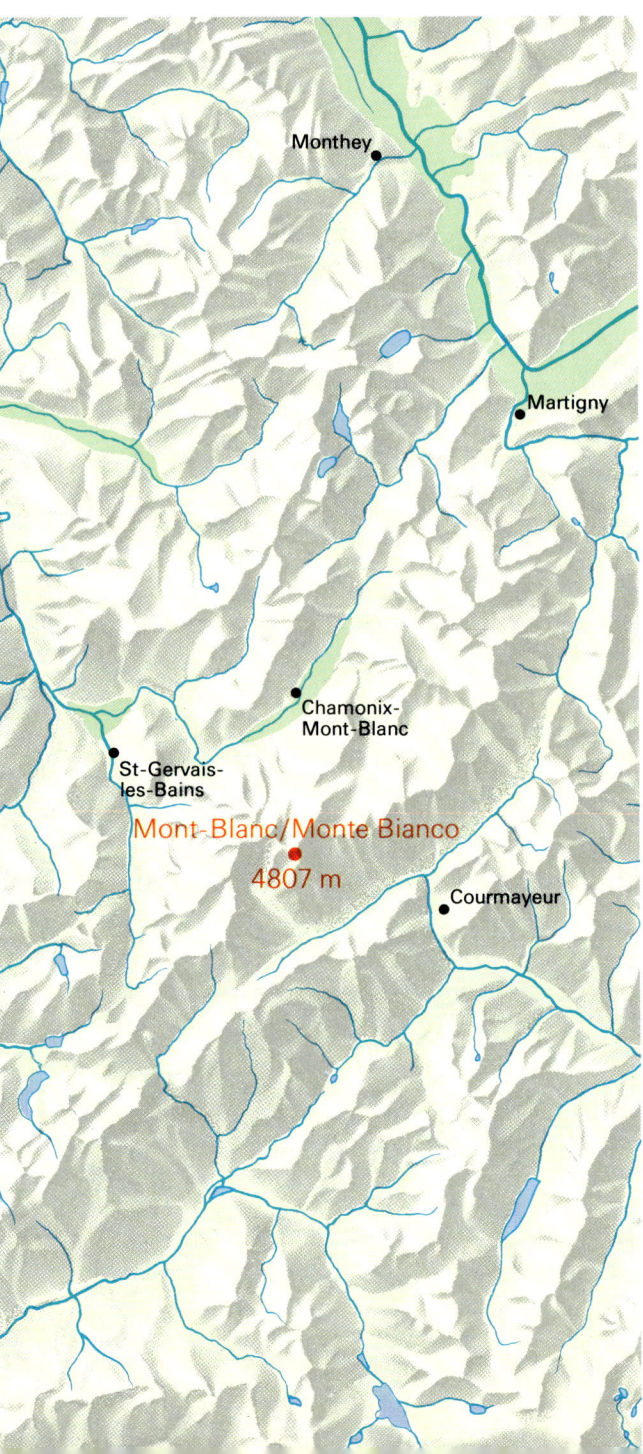

Das Mettelhorn ob Zermatt ist ▶ ein idealer Standort, um die klassische Silhouette des Matterhorns (4477 m ü. M.) auf den Film zu bannen.

Le Mettelhorn, au-dessus de Zermatt, est un site idéal pour photographier la silhouette traditionnelle du Cervin (4477 m).

Il Mettelhorn sopra Zermatt è un punto ideale per fotografare la classica siluetta del Cervino (4477 m s.l.m.).

◀ Aiguille du Dru (3754 m ü. M.) von Montenvers über Chamonix aus gesehen.

Aiguille du Dru (3754 m) vue depuis le Montenvers, audessus de Chamonix.

Aiguille du Dru (3754 m s.l.m.) vista da Montenvers sopra Chamonix.

◀◀ Das Panorama vom Mont Belvédère am Kleinen Sankt Bernhard umfaßt die Aiguille des Glaciers (links), den Mont-Blanc (Mitte) und die Grandes Jorasses (rechts).

Du Mont Belvédère, audessus du col du Petit Saint-Bernard, le panorama englobe l'Aiguille des Glaciers (à gauche), le Mont-Blanc (au centre) et les Grandes Jorasses (à droite).

Il panorama dal Mont Belvédère nella zona del Piccolo San Bernardo abbraccia l'Aiguille des Glaciers (a sinistra), il Monte Bianco (al centro) e le Grandes Jorasses (a destra).

MATTERHORN
CERVINO
M. CERVIN

Der Berg der Berge,
den sich die Schweiz und Italien teilen.

La montagne des montagnes,
mi-suisse, mi-italienne.

La maestosa montagna
che divide la Svizzera dall'Italia.

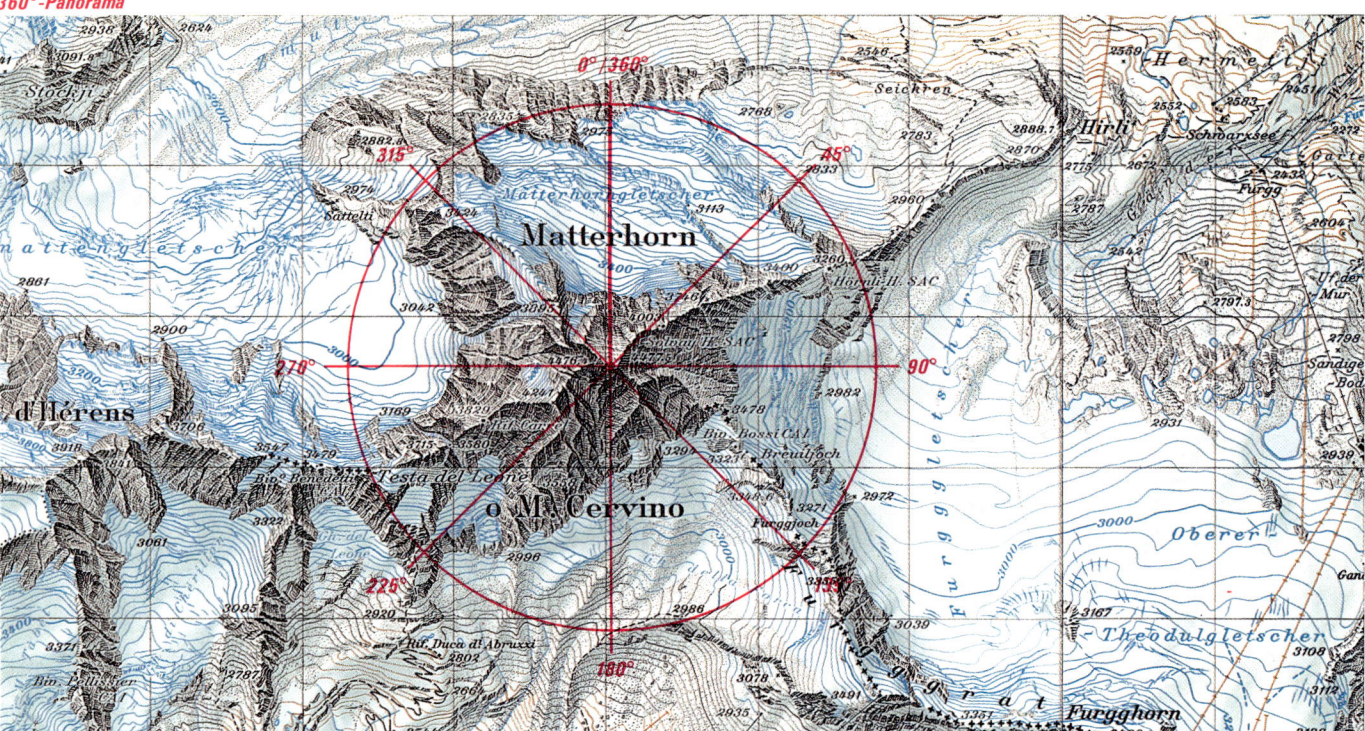

«Bei einer Gipfelrast auf einem Viertausender hat man immer ein besonderes, unbeschreibliches Gefühl, das sich auf keinem niedrigeren Aussichtsberg einstellt, mag seine Aussicht noch so schön sein, aber der ‹Standort Matterhorngipfel› ist etwas ganz Besonderes: Die gewaltigen, steilen Felswände, die restlos nach allen Seiten hin vom schmalen Grat aus in die Tiefe stürzen – das ist unheimlich packend! Ein besonders schönes und intensives Erlebnis war ein Nachtbiwak auf diesem Gipfel, um am nächsten Morgen den Sonnenaufgang fotografieren zu können: Es war, wie wenn sich der anbrechende Tag vom Himmel herab zuerst auf die Bergspitzen herabsenkte, um sich dann in die tiefen Täler hinabgleiten zu lassen» (nach W. P. Burkhardt). Der fantastische, über alles rundherum erhabene Aussichtspunkt wird nur noch von wenigen Gipfeln der Region «überragt», worunter besonders die Dufourspitze (4634 m) am Monte Rosa (4554 m), der höchste Punkt der Schweiz, zu nennen ist.

«Lorsqu'on fait halte au sommet d'un 4000, on éprouve un sentiment particulier et indéfinissable que l'on ne ressent sur aucune cime moins élevée, d'où l'on jouit d'une vue aussi belle soit-elle. Le sommet du Cervin est unique en son genre; de toutes parts, abruptes et gigantesques les parois plongent dans l'abîme depuis la mince arête sommitale. Un tel spectacle captive et angoisse à la fois. Un bivouac nocturne au sommet est une fantastique et inoubliable aventure, qui m'a permis, aux premières lueurs de l'aube, de photographier le lever du soleil. Le jour qui commence semble descendre du firmament, s'attarder sur les sommets puis envahir progressivement l'intérieur des vallées» (W. P. Burkhardt). L'extraordinaire belvédère que constitue le Cervin n'est dépassé que par de rares cimes des alentours, notamment par la pointe Dufour (4634 m) dans le massif du Mont Rose (4554 m), point culminant du territoire suisse.

Lo straordinario belvedere costituito dal Cervino è sovrastato da poche cime nei suoi dintorni, in particolare dalla Punta Dufour (4364 m) nel massiccio del Monte Rosa, punto più elevato della Svizzera. ▶

Wie ein versteinertes Windrad präsentiert sich das Matterhorn im Aspekt der topographischen Karte: Wer kennt noch einen Berg, bei dem vier Grate wie gewaltige Stützpfeiler eines Monumentes schön in die Mitte zwischen die Haupthimmelsrichtungen eingespannt sind? Der Hörnligrat steigt von Nordosten auf, der Zmuttgrat von Nordwesten, der Liongrat von Südwesten und der Furgggrat von Südosten! Und an den Hauptwänden dazwischen greifen der heulende Nordwind, der stürmische Westwind, der donnernde Föhn aus Süden und das Trockengebläse des Ostwindes voll an... Über dem Gipfel ist der Versammlungsort der vier «windigen Brüder». Versteht sich, daß die Aufnahme des Panoramabildes etliche Schwierigkeiten verursacht hat – mehrere Anflüge waren nötig. W. P. Burkhardt läßt seiner Bewunderung freien Lauf, wenn er schildert, wie der Pilot die Winde mit seinem Helikopter überlisten konnte.

Sur les cartes topographiques, le Cervin a l'aspect d'une éolienne pétrifiée. Où trouverait-on ailleurs une montagne dont les gigantesques contreforts, piliers d'un monument colossal, s'ordonnent et se divisent en leur centre donnant naissance à quatre arêtes tournées vers les points cardinaux: l'arête du Hörnli au nord-est, l'arête de Zmutt au nord-ouest, l'arête du Lion au sud-ouest et l'arête de Furgg au sud-est. Les quatre parois qu'elles limitent sont exposées au vent du nord qui siffle et hurle, au vent d'ouest qui souffle en tempête, au fœhn, venu du sud, qui gronde et mugit et aux sèches rafales du vent d'est. Au sommet du Cervin, ces vents se donnent rendez-vous... Il va sans dire que la réalisation des photos panoramiques s'est heurtée à d'innombrables difficultés et que plusieurs manœuvres d'approche ont été nécessaires. W. P. Burkhardt ne cache pas l'admiration que lui inspirent les subterfuges utilisés par le pilote pour tromper les vents.

Sulla carta topografica il Cervino ha l'aspetto di un mulino a vento pietrificato. Dove troveremo un'altra montagna i cui giganteschi contrafforti, colonne portanti di un gigantesco monumento, sono ordinati e si dividono al centro dando luogo a quattro crinali orientati verso i punti cardinali? Essi sono: la Hörnli a nord-est, la Zmutt a nord-ovest, la cresta del Leone a sud-ovest e il Furggen a sud-est. Le quattro pareti delimitate dalle creste sono esposte al vento del nord che fischia e urla, al vento dell'ovest che soffia in tempesta, al foehn, che viene dal sud, che tuona e muggisce, e alle secche raffiche del vento dell'est. Sulla cima del Cervino quei venti si danno appuntamento... e non occorre dire che la realizzazione delle fotografie panoramiche è stata ostacolata da mille difficoltà e che sono state necessarie molte manovre d'approccio. W. P. Burkhardt non nasconde la sua ammirazione per gli accorgimenti usati dal pilota per aggirare i venti...

«Quando si giunge sulla cima di un quattromila, si prova un sentimento particolare e indefinibile, una sensazione che non dà nessun'altra montagna più bassa, anche se offre un panorama altrettanto bello. La cima del Cervino è unica. Vertiginose gigantesche pareti precipitano nell'abisso partendo dalla stretta cresta sommitale. Uno spettacolo che attrae e angoscia nello stesso tempo. Un bivacco notturno su quella vetta è un'esperienza fantastica e indimenticabile; essa permette di fotografare le prime luci del giorno, al levar del sole. Il nuovo giorno che comincia sembra scendere dal firmamento, attardarsi sulle cime per invadere poi progressivamente le valli» (Willi P. Burkhardt).

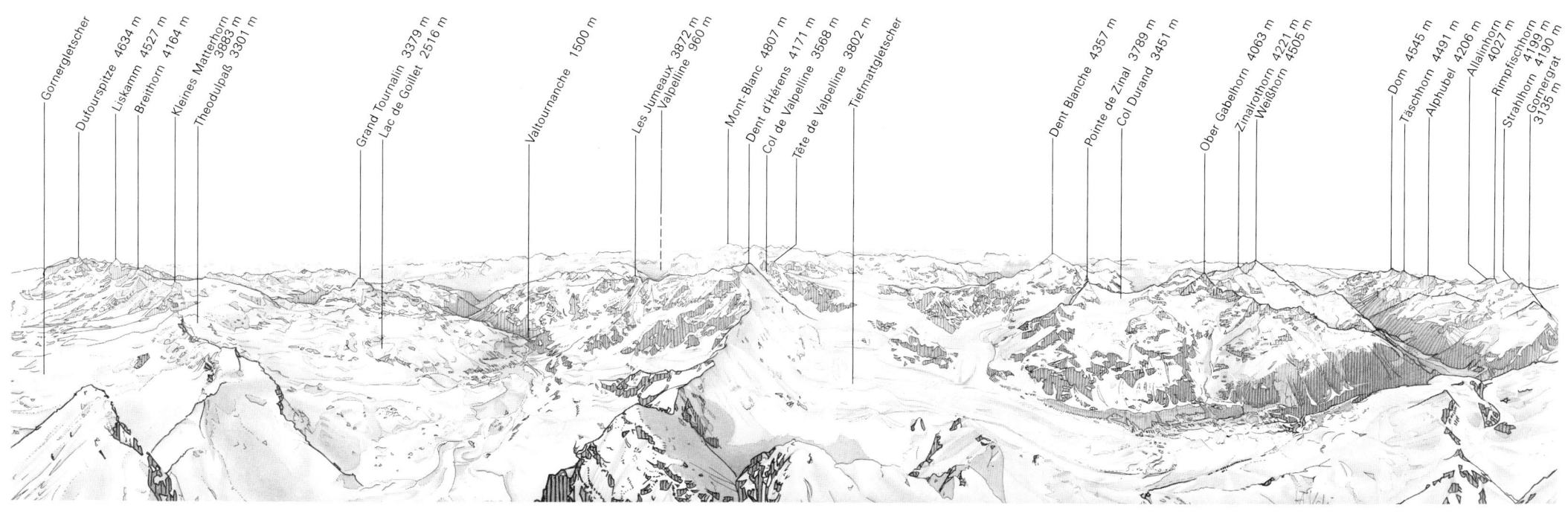

Gornergletscher | Dufourspitze 4634 m | Liskamm 4527 m | Breithorn 4164 m | Kleines Matterhorn 3883 m | Theodulpaß 3301 m | Grand Tournalin 3379 m | Lac de Goillet 2516 m | Valtournanche 1500 m | Les Jumeaux 3872 m | Valpelline 960 m | Mont-Blanc 4807 m | Dent d'Hérens 4171 m | Col de Valpelline 3568 m | Tête de Valpelline 3802 m | Tiefmattgletscher | Dent Blanche 4357 m | Pointe de Zinal 3789 m | Col Durand 3451 m | Ober Gabelhorn 4063 m | Zinalrothorn 4221 m | Weißhorn 4505 m | Dom 4545 m | Täschhorn 4491 m | Alphubel 4206 m | Allalinhorn 4027 m | Rimpfischhorn 4199 m | Strahlhorn 4190 m | Gornergrat 3135 m

Das Matterhorn wird mit allen Superlativen, die einem Alpengipfel zuteil werden können, überschüttet. Seine ebenmäßige, völlig freistehende Form, die mit ihrem kühnen Schwung der Grate gen Himmel das gewisse Etwas eines wohlgelungenen monumentalen Kunstwerks zeigt, hat seit rund 100 Jahren die Menschen aus der ganzen Welt angezogen und bezaubert. Dies ist ein um so größeres Naturwunder, als die Bergsteiger die Beurteilung des Gesteinscharakters durch Gaston Rébuffat jederzeit bestätigen können: ein «durch das Eis zusammengeschweißter Steinhaufen ... nichts hält ...» – so beurteilt er anläßlich einer Besteigung der berühmten, sehr schwierigen Nordwand 1949!

Die weltentrückte Lage des Matterhorns und seiner Umgebung änderte sich schlagartig, als am 14. Juli 1865 vier englische «Touristen», unter ihnen der 25jährige Edward Whymper, mit ihren Bergführern Croz, Taugwalder Vater und Sohn erstmals den Gipfel von Zermatt aus über den Hörnligrat erreichten. Schon am 17. Juli gelangte die italienische Seilschaft, bestehend aus J.-A. Carrel und J.-B. Bich, als zweite auf den Gipfel, diesmal von Breuil aus über den Liongrat, nachdem Carrel mit ersten Versuchen am Matterhorn 1859 als Alleingänger begonnen hatte. Dieser Doppelerfolg wurde allerdings durch das Drama überschattet, das sich während des Abstiegs der ersten Seilschaft

Tous les superlatifs susceptibles d'être décernés à une cime alpine le sont généralement au Cervin. Ses formes régulières et entièrement dégagées, ses arêtes jaillissant d'un seul mouvement vers le ciel s'apparentent à celles d'une œuvre architecturale particulièrement réussie; depuis plus d'un siècle, cette montagne attire et fascine des hommes de tous les pays. Il s'agit là d'une authentique merveille créée par la nature et cette définition du Cervin par Gaston Rebuffat: «un tas de cailloux soudés par de la glace... rien ne tient...» fait l'unanimité des alpinistes. Cette réflexion se réfère à une ascension du Cervin par la difficile et dangereuse face nord qu'effectua Rebuffat en 1949.

L'isolement du Cervin et de la région limitrophe cessa le 14 juillet 1865; ce jour-là, quatre touristes anglais dont Edward Whymper, alors âgé de 25 ans, et les trois guides Croz et Taugwalder, père et fils, réussirent l'ascension par l'arête du Hörnli. Le 17 juillet de la même année une cordée italienne qui comprenait J.A. Carrel et J.B. Bich, atteignit pour la seconde fois le sommet depuis Breuil et par l'arête du Lion. Dès 1859, plusieurs tentatives pour vaincre le Cervin avaient été faites. Ce double succès fut toutefois assombri par un drame; au cours de la descente de la première cordée, quatre des sept alpinistes, notamment le guide Croz, furent victimes d'une rupture de corde. Après la catastrophe, la légende rapporte que d'étranges nuages en

Tutti i superlativi impiegati per magnificare una montagna sono stati usati nel descrivere il Cervino. Le sue forme regolari e completamente isolate, le sue creste scattanti con un solo movimento verso il cielo, si apparentano a quelle delle opere architettoniche meglio riuscite e, da oltre un secolo, questa montagna attira e incanta uomini provenienti da tutti i paesi. Si tratta di una autentica meraviglia del creato e la definizione coniata da Gaston Rebuffat: «un mucchio di sassi trattenuti dal gelo ... senza alcun appiglio ...», raccoglie l'unanime consenso degli alpinisti. La riflessione fu suggerita dall'ascensione del Cervino per la difficile e pericolosa parete nord effettuata da Rebuffat nel 1949.

L'isolamento del Cervino e della sua regione cessò all'improvviso il 14 luglio 1865; quel giorno quattro turisti inglesi tra i quali Edward Whymper, che aveva allora 25 anni, e le tre guide Croz e Taugwalder padre e figlio, raggiunsero la vetta salendo lungo la cresta dell'Hörnli. Il 17 luglio dello stesso anno una cordata italiana che comprendeva J.A. Carrel e J.B. Bich, raggiungeva per la seconda volta la vetta partendo da Breuil e risalendo la Testa del Leone. A partire dal 1859 erano stati compiuti alcuni tentativi solitari per vincere il Cervino. Quel doppio successo fu tuttavia oscurato da un dramma; nel corso della discesa della prima cordata, quattro dei sette alpinisti tra i quali la guida Croz, precipitarono a causa della rottura della corda. Dopo la

ereignete: Vier der sieben Männer stürzten wegen eines Seilrisses zu Tode, darunter der Bergführer Croz. Nach dem bösen Unglück sollen übrigens den überlebenden Bergsteigern unheimliche Nebelkreuze über dem Liskamm erschienen sein... Der ganze Wirbel um Erfolg und Versagen, der daraus entstand, machte den Berg schlagartig weltberühmt.

forme de croix furent aperçus par les survivants au-dessus du Liskamm. Ces événements, victorieux et tragiques, firent du jour au lendemain la célébrité du Cervin. De nos jours, Zermatt et Breuil vivent exclusivement du tourisme et l'arête du Hörnli fait désormais figure de «boulevard de l'alpinisme». Malgré cela, à tous ceux qui aiment le risque et chérissent l'aventure, l'escalade du Cervin par la face nord, haute de mille mètres, est riche de promesses.

catastrofe, narra la leggenda, strane nuvole a forma di croce furono viste dai sopravvissuti al di sopra del Liskamm. Quegli avvenimenti, vittoriosi e luttuosi, procurarono celebrità al Cervino da un giorno all'altro. Oggi Breuil e Zermatt vivono esclusivamente di turismo e la cresta dell'Hörnli è stata declassata al ruolo di «autostrada dell'alpinismo». Ciò malgrado, per coloro i quali amano il rischio, la scalata del Cervino, lungo i mille metri della sua parete nord, è ricca di promesse.

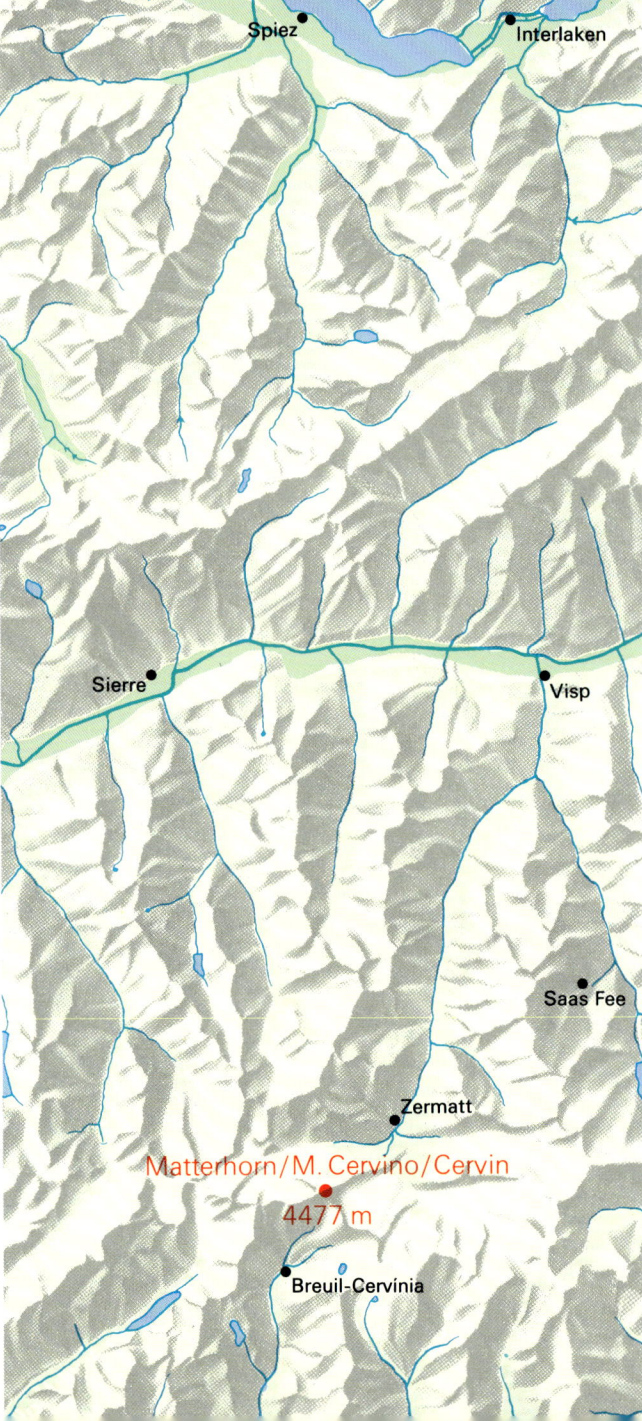

Spiez
Interlaken
Sierre
Visp
Saas Fee
Zermatt
Matterhorn/M. Cervino/Cervin
4477 m
Breuil-Cervínia

Von Norden her nähert sich der ▶
Helikopter dem Finsteraarhorn
(4274 m ü. M.), dem höchsten
Gipfel des Berner Oberlandes.
Nach rechts fließt der Fie-
schergletscher ins Wallis ab.

Par le nord, l'hélicoptère s'approche du Finsteraarhorn
(4274 m), le plus haut sommet
de l'Oberland bernois. A droite,
le Fieschergletscher descend
vers le Valais.

L'elicottero s'avvicina da nord
al Finsteraarhorn (4274 m
s.l.m.), la vetta più elevata del-
l'Oberland Bernese. Il Fieschergletscher (ghiacciaio)
scende verso destra nel canton
Vallese.

◀Monte-Rosa-Gruppe mit Gornergletscher, vom Stockhorn
(3532 m ü. M.) ob Zermatt aus
gesehen.

Massif du Mont Rose et Gornergletscher vus depuis le
Stockhorn (3532 m) au-
dessus de Zermatt.

Il gruppo del Monte Rosa col
Gornergletscher (ghiacciaio)
visto dallo Stockhorn (3532 m
s.l.m.) sopra Zermatt.

◀◀Auch von Italien aus (Valtournanche) wirkt das Matterhorn
imposant.

Depuis le versant italien (Valtournanche), le Cervin est tout
aussi impressionnant.

Anche dal versante italiano
(Valtournanche) la vista sul
Cervino è imponente.

FINSTERAARHORN

Höchste Felspyramide der Berner Oberländer Gipfelfamilie, die Berühmtheiten wie Eiger, Mönch und Jungfrau aufweist.

La pyramide rocheuse la plus élevée d'un massif, l'Oberland Bernois, que l'Eiger, le Mönch et la Jungfrau ont rendu célèbre.

La piramide rocciosa più elevata di un massiccio, l'Oberland Bernese, che l'Eiger, il Mönch e la Jungfrau hanno reso celebre.

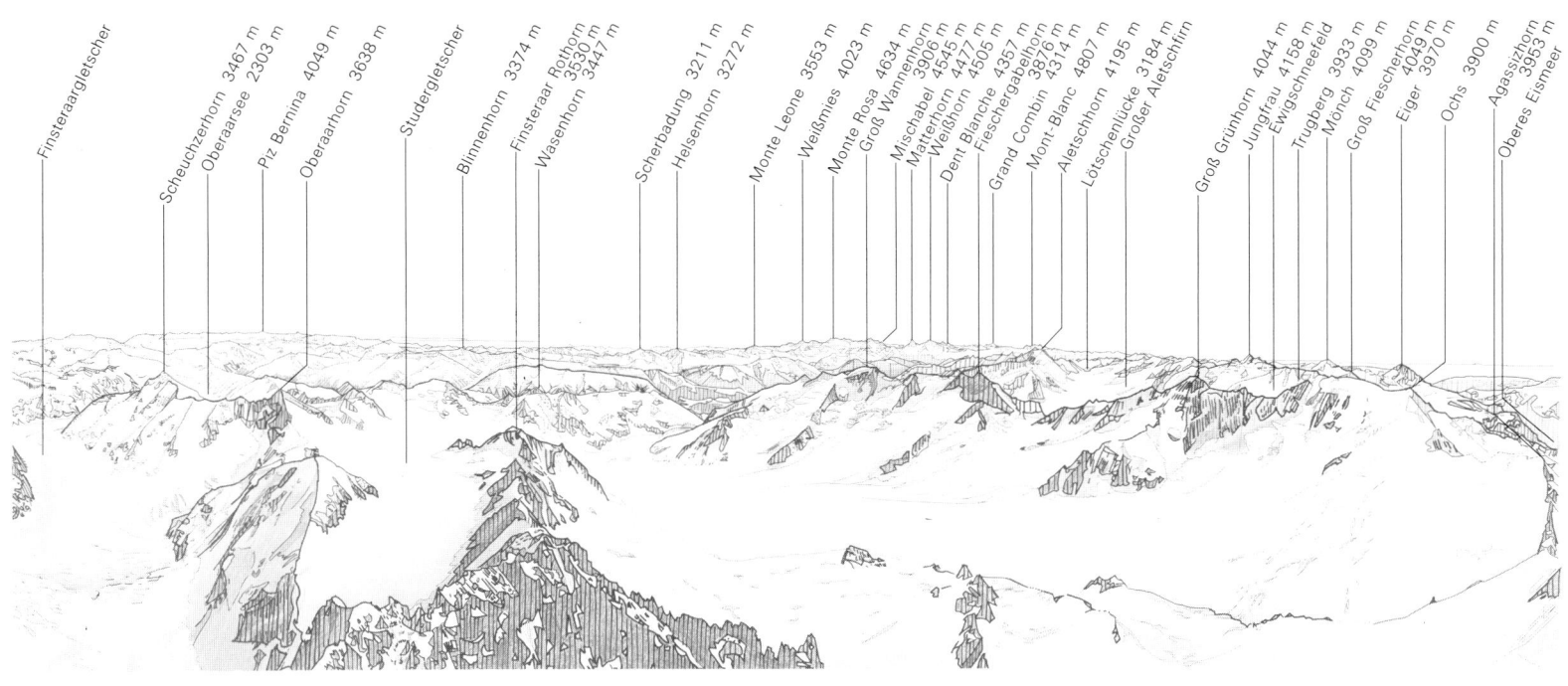

Die Besteigungsgeschichte des Finsteraarhorns ist ein Leckerbissen für die Kriminalisten unter den Alpin-Historikern. Bis heute weiß man nämlich nicht genau, wer den mit 4274 m ü. M. höchsten Gipfel der Berner Alpen (über den die Grenze zum Kanton Wallis verläuft) als erster bestiegen hat. Soviel jedenfalls steht fest: Obgleich das Finsteraarhorn recht schwer zugänglich und alpinistisch anspruchsvoll ist, gehört es zu jenen Viertausendern, die bereits sehr früh ange-

gangen wurden. Geben wir zuerst dem Geographischen Lexikon der Schweiz das Wort: «Erste Besteigung 1812 durch die von Dr. Rudolf Meyer aus Aarau geworbenen Führer Arnold Abbühl aus Melchthal und die beiden Walliser Alois Volker und Josef Bortes; Dr. Meyer selbst erreichte die Spitze nicht. Mit Unrecht ist behauptet worden, daß sich diese ersten Pioniere geirrt und statt des Finsteraarhorns den benachbarten Altmann (3482 m) erstiegen hätten.» Toni Hiebelers

«Lexikon der Alpen» meldet indessen neue Zweifel an und schreibt, Abbühl, Volker und Bortes hätten «angeblich den Hauptgipfel erreicht».
Gesichert ist die Besteigung des Finsteraarhorns durch eine Expedition des Solothurner Naturforschers Franz Josef Hugi volle 17 Jahre später. Aber auch hier gibt's Unklarheiten. Das Geographische Lexikon der Schweiz hält fest: «1829 erreichte Hugi mit den Führern Jakob Leuthold und Johannes

L'histoire de l'ascension du Finsteraarhorn est un morceau de choix pour les fins limiers de l'histoire alpine. En effet, on ne sait aujourd'hui encore qui a réalisé la première ascension du point culminant (4274 m) des Alpes Bernoises (situé sur la frontière du canton du Valais). Une chose est sûre: bien que le Finsteraarhorn soit difficile d'accès et réservé aux alpinistes avertis, il fait partie de ces 4000 qui furent conquis très tôt.
Citons d'abord le Lexique Géographique de

la Suisse: «Première ascension en 1812 faite par le guide Arnold Abbühl de Melchtal et les deux guides Valaisans Alois Volker et Josef Bortes, engagés par le Dr Rudolf Meyer de Aarau; le Dr Meyer lui-même n'arriva pas au sommet. On affirma à tort que ces pionniers s'étaient égarés et avaient gravi le Altmann (3482 m), proche du Finsteraarhorn.» Toni Hiebeler émet par contre des doutes dans son «Lexique des Alpes» et écrit que Abbühl, Volker et Bortes auraient «peut-être atteint le

sommet». Il semble par contre que l'on puisse établir avec certitude l'ascension faite dix-sept ans plus tard par une expédition de Soleure organisée par le naturaliste Franz Josef Hugi.
Mais des points obscurs subsistent. Le Lexique Géographique de la Suisse indique: «En 1829 Hugi atteint le sommet avec les guides Jakob Leuthold et Johannes Währen.» Pourtant Hiebeler lui conteste cet honneur et affirme qu'il ne serait pas allé plus loin que le

La storia dell'ascensione del Finsteraarhorn è un pezzo scelto per i raffinati ricercatori della storia dell'alpinismo. Ancora oggi, in effetti, non si sa chi ha realizzato la prima ascensione del punto culminante (4274 m) delle Alpi Bernesi, posto sulla frontiera del cantone Vallese. Una cosa è sicura, benché il Finsteraarhorn sia difficile e riservato agli alpinisti esperti, esso fa parte di quei 4000 che furono vinti molto presto.
Citiamo dal «Lessico Geografico Svizzero»:

«Prima ascensione nel 1812 fatta dalla guida Arnold Abbühl di Melchtal con le guide vallesane Alois Volker e Josef Bortes, ingaggiati dal dr. Rudolf Meyer di Aarau; il dottor Meyer stesso non giunse alla cima. Si affermò a torto che quei pionieri s'erano perduti e avevano salito l'Altmann (3482 m), prossimo al Finsteraarhorn.» Toni Hiebeler esprime invece dei dubbi e scrive che Abbühl, Volker e Bortes avrebbero «forse raggiunto la cima». Sembra, per contro, che si possa accettare

l'ascensione compiuta diciassette anni dopo da una spedizione di Solothurn organizzata dal naturalista Franz Josef Hugi. Alcuni punti oscuri però sussistono. Il già citato «Lessico» indica: «Nel 1829 Hugi raggiunse la cima con le guide Jakob Leuthold e Johannes Währen.» Il solito Hiebeler contesta tanto onore e afferma che Hugi non sarebbe andato oltre il ripiano che porta il suo nome.
Comunque sia andata, se il Finsteraarhorn interessa gli storici dell'alpinismo, interessa

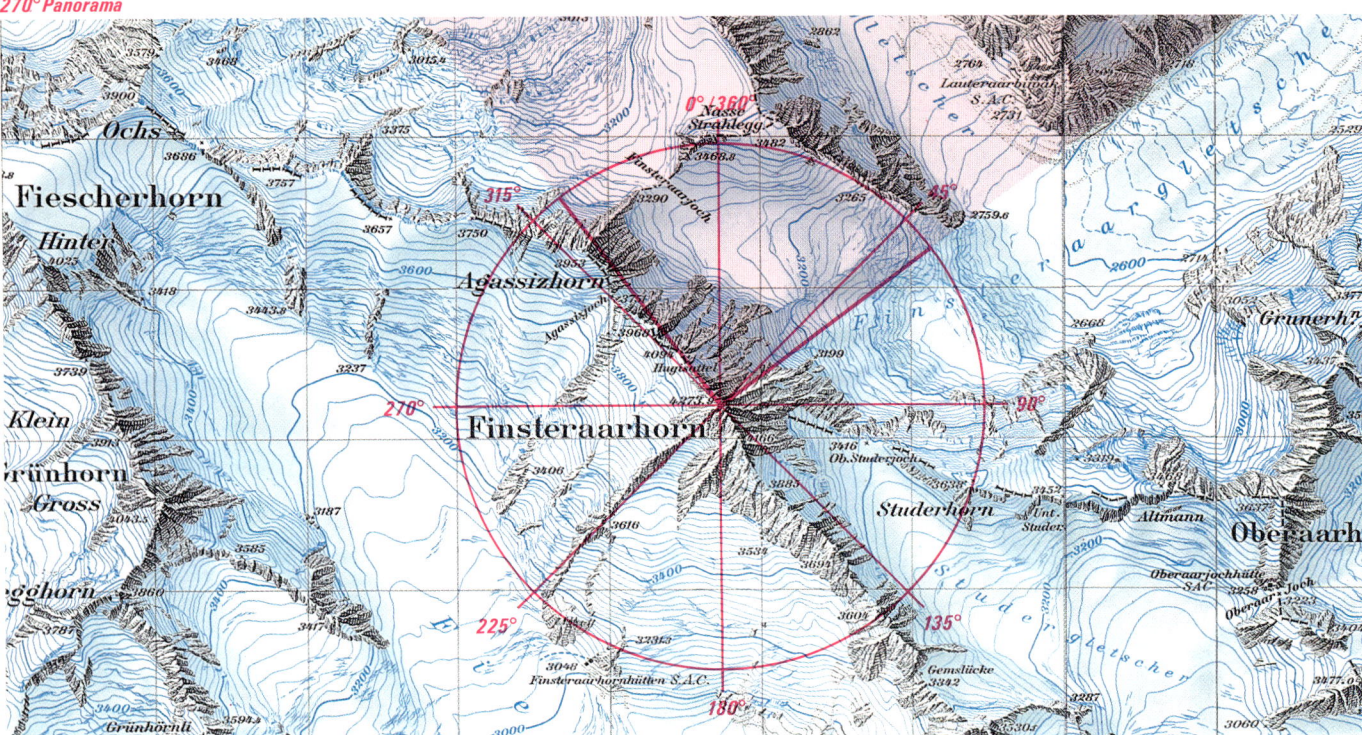

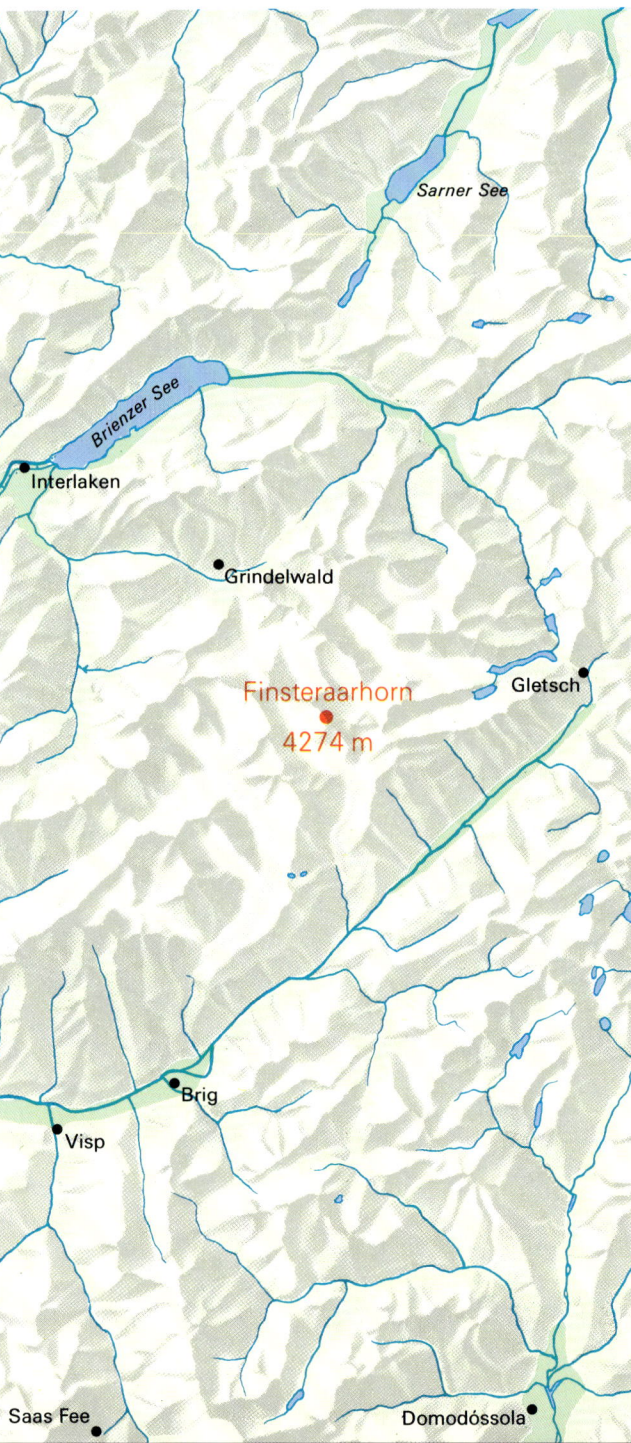

Währen die Spitze.» Hiebeler dagegen spricht Hugi die Gipfelehre ab und sagt, dieser sei auf dem später nach ihm benannten Hugisattel zurückgeblieben. Wie dem auch sei, jedenfalls ist das Finsteraarhorn nicht allein in alpingeschichtlicher, sondern auch in naturgeschichtlicher Hinsicht hochinteressant. Das von menschlicher Nutzung bis heute praktisch unberührte Gebiet wurde im 19. Jahrhundert zum Experimentierfeld der Gletscherforscher. Auf dem Unteraarglet-

replat qui lui doit son nom. Quoi qu'il en soit, si le Finsteraarhorn intéresse particulièrement les historiens de l'alpinisme, il intéresse tout autant les naturalistes. Exempt de toute exploitation humaine, le domaine fut au XIXe siècle le champs expérimental des glaciologues. Pour observer les mouvements glaciaires, le géologue suisse, Louis Agassiz, et ses compagnons bivouaquèrent plusieurs étés de suite dans le froid et l'humidité. Un des nombreux sommets encore sans nom de la

altrettanto i naturalisti. Esente da ogni sfruttamento umano, il territorio fu nel XIX secolo il campo sperimentale dei glaciologhi. Per osservare i movimenti glaciali, il geologo svizzero Louis Agassiz ed i suoi compagni bivaccarono per molte estati di seguito nel freddo e nell'umidità. Una delle molte vette ancora innominate della regione divenne così la Agassizhorn (3953 m), ed un colle sulla cresta sud-est del Finsteraarhorn fu chiamato Agassizjoch (3759 m). Nel mas-

◀◀ Aus Amphibolit besteht das markante Finsteraarhorn, der höchste Berg der Berner Alpen (4274 m ü. M.). Amphibolit ist ein dunkles Gestein, aus Hornblende und Feldspat zusammengesetzt. Wichtiger als diese Angabe erscheint für Alpinisten die Information, daß der oft schiefrig abwitternde Amphibolit im Gegensatz zum Granit der benachbarten Grimsel leider nicht sehr fest steht. Also heißt es aufpassen! Die Besteigung des von Gletschern umgebenen formschönen Gipfels ist bei günstigen Verhältnissen nicht schwierig und kann zum größten Teil auch mit Skiern bewältigt werden.
Übrigens: Das von weit her sichtbare Finsteraarhorn wurde früher von den Bernern wie von den Wallisern seiner dunklen Gesteinsfarbe wegen Schwarzhorn genannt. Den Botanikern in aller Welt ist es ein Begriff, weil wenige Meter unterhalb des Gipfels, auf 4270 m ü. M., ein blühender Gletscher-Hahnenfuß beobachtet wurde: das höchstgelegene Vorkommen einer Blütenpflanze in den ganzen Alpen.

Point culminant des Alpes Bernoises, le remarquable Finsteraarhorn (4274 m) est formé de roches amphiboliques. L'amphibole est une pierre sombre composée de hornblende et de feldspath. Pour l'alpiniste, il semble plus important de savoir que l'amphibole, roche souvent délitée, est moins solide que le granite du Grimsel voisin. Alors attention! Mais dans de bonnes conditions, l'ascension de ce beau sommet entouré de glaciers n'est pas difficile, et peut même en grande partie être faite à ski.
Le Finsteraarhorn est visible de très loin. Il était autrefois appelé par les Bernois et les Valaisans le «Schwarzhorn», l'Ai-

guille Noire, à cause de la couleur sombre de ses rochers. Les botanistes du monde entier le connaissent, car on trouva un peu en contrebas du sommet (à 4270 m) une renoncule des glaciers: la plus haute plante à fleurs connue de toutes les Alpes.

Punto culminante delle Alpi Bernesi, il maestoso Finsteraarhorn (4274 m) è formato da rocce anfiboliche. L'anfibolo è una pietra scura composta da orneblende e da feldspati. Per l'alpinista è più importante sapere che l'anfibolo, roccia spesso degradata, è meno solido del granito del vicino Grimsel. Attenzione allora! In buone condizioni, l'ascensione di quella bella cima circondata dai ghiacciai non è difficile e può essere effettuata, almeno in parte, con gli sci.
Il Finsteraarhorn è visibile da molto lontano. Un tempo i Vallesani e i Bernesi lo chiamavano «Schwarzhorn», la Guglia Nera, a causa del colore cupo delle sue rocce. I botanici del mondo intero lo conoscono perché vi si trova, a poca distanza dalla sua cima, un ranuncolo glaciale: la fioritura più elevata conosciuta sulle Alpi intere.

Ausblick durch ein Felsenfenster der Jungfraubahn bei der Station Eismeer auf den Fieschergletscher.

Depuis une fenêtre ouverte dans la roche à la station Eismeer du chemin de fer de la Jungfrau, vue sur le Fieschergletscher.

Vista dalla stazione Eismeer della ferrovia della Jungfrau attraverso una finestra aperta nella roccia, sul Fieschergletscher (ghiacciaio).

scher schlugen der Neuenburger Louis Agassiz und seine Begleiter während mehrerer Sommer ihr feuchtkühles Biwak auf, um die Bewegungen des Eises zu verfolgen. Nach Agassiz wurde dann einer der zahlreichen noch namenlosen Gipfel in der Umgebung benannt, das Agassizhorn (3953 m ü. M.), außerdem das Agassizjoch (3759 m ü. M.) im Nordwestgrat des Finsteraarhorns. Überdies sind im Finsteraarhorngebiet mit ihren Namen verewigt der Berner Geologe

Bernhard Studer (Studerhorn 3638 m ü. M. mit Oberem und Unterem Studerjoch im Finsteraarhorn-Ostgrat) sowie der Zürcher Naturforscher Johann Jakob Scheuchzer (Scheuchzerhorn 3467 m ü. M.).
Daß alle diese Berge noch um die Mitte des 19. Jahrhunderts keine Namen trugen, ist ein Beweis für die Abgeschiedenheit der Region. Erst die Neugier der Naturforscher und der Ehrgeiz der Alpinisten sorgten später für eine Belebung der Finsteraarhorngruppe.

région devint alors le Agassizhorn (3953 m), et un col de l'arête nord-ouest du Finsteraarhorn fut nommé le Agassizjoch (3759 m). On trouve également les noms du géologue bernois Bernhard Studer (Studerhorn 3638 m, avec le Studerjoch supérieur et inférieur sur l'arête est du Finsteraarhorn) et du naturaliste zurichois Johann Jakob Scheuchzer (Scheuchzerhorn 3467 m).
Le fait que ces montagnes en portaient encore aucun nom au milieu du XIXe siècle

montre bien à quel point la région était isolée. Ni les voyageurs franchissant les cols, ni les bergers ne voyaient la moindre raison de s'aventurer dans les hautes régions faites de roc et de glace.
Seules la curiosité des scientifiques et l'ambition des alpinistes finirent par donner vie au massif du Finsteraarhorn.

siccio si trova ugualmente il nome del geologo bernese Bernhard Studer (Studerhorn 3638 m, con lo Studerjoch superiore ed inferiore sulla cresta est del Finsteraarhorn) e del naturalista zurighese Johann Jakob Scheuchzer (Scheuchzerhorn 3467 m).
Il fatto che quelle montagne non portassero alcun nome, alla metà del XIX secolo, dimostra a qual punto la regione fosse isolata. Né i viaggiatori valicanti i colli, né i pastori, vedevano la minima ragione per avventurarsi in

quelle alte regioni formate da rocce e ghiacci eterni. Soltanto la curiosità degli scienziati e l'ambizione degli alpinisti finirono col portare vita al massiccio del Finsteraarhorn.

Der vergletscherte Titlis
(3239 m ü. M.) von Brunni ob
Engelberg aus.
Vom neuen Panorama-Restaurant auf dem Titlis genießt
man eine großartige Rundsicht.

Le Titlis, aux flancs couverts
de glace (3239 m), vu depuis
Brunni, au-dessus d'Engelberg.
Depuis le restaurant panoramique du Titlis l'œil découvre
un panorama circulaire et
grandiose.

Il Titlis (3239 m s.l.m.) ammantato di ghiaccio visto da
Brunni sopra Engelberg.
Dal ristorante panorama recentemente costruito sul Titlis
si gode una meravigliosa vista
panoramica.

Gegen Osten hat das Finsteraarhorn keine Rivalen. Ungehindert schweift das Auge
über den Unteraargletscher
gegen das Grimselgebiet mit
seinen Stauseen.

Vers l'est, le Finsteraarhorn n'a
pas de concurrent. Le regard
embrasse, au-delà de l'Unteraargletscher, la région du
Grimsel et ses lacs artificiels.

Verso est il Finsteraarhorn non
conosce rivali. L'occhio spazia
incontrastato sul Unteraargletscher (ghiacciaio inferiore)
verso la regione del Grimsel
con i suoi laghi artificiali.

Sanft erötend im abendlichen
Alpenglühen das Dreigestirn
Eiger (3970 m ü. M.), Mönch
(4099 m ü. M.) und Jungfrau
(4158 m ü. M.). Kamerastandort ist Beatenberg über dem
Thuner See.

L'embrasement des Alpes
teinte de rose la triade: Eiger
(3970 m), Mönch (4099 m) et
Jungfrau (4158 m). Photo
prise depuis Beatenberg au-dessus du lac de Thoune.

L'alba tinge di rosso la triade
dell'Eiger (3970 m s.l.m.),
Mönch (4099 m s.l.m.) e
Jungfrau (4185 m s.l.m.). La
fotografia venne scattata da
Beatenberg sopra il lago di
Thun.

TITLIS

Fröhlicher Volksberg in der Zentralschweiz.

Montagne populaire et joyeuse en Suisse Centrale.

Montagna popolare e gioiosa della Svizzera Centrale.

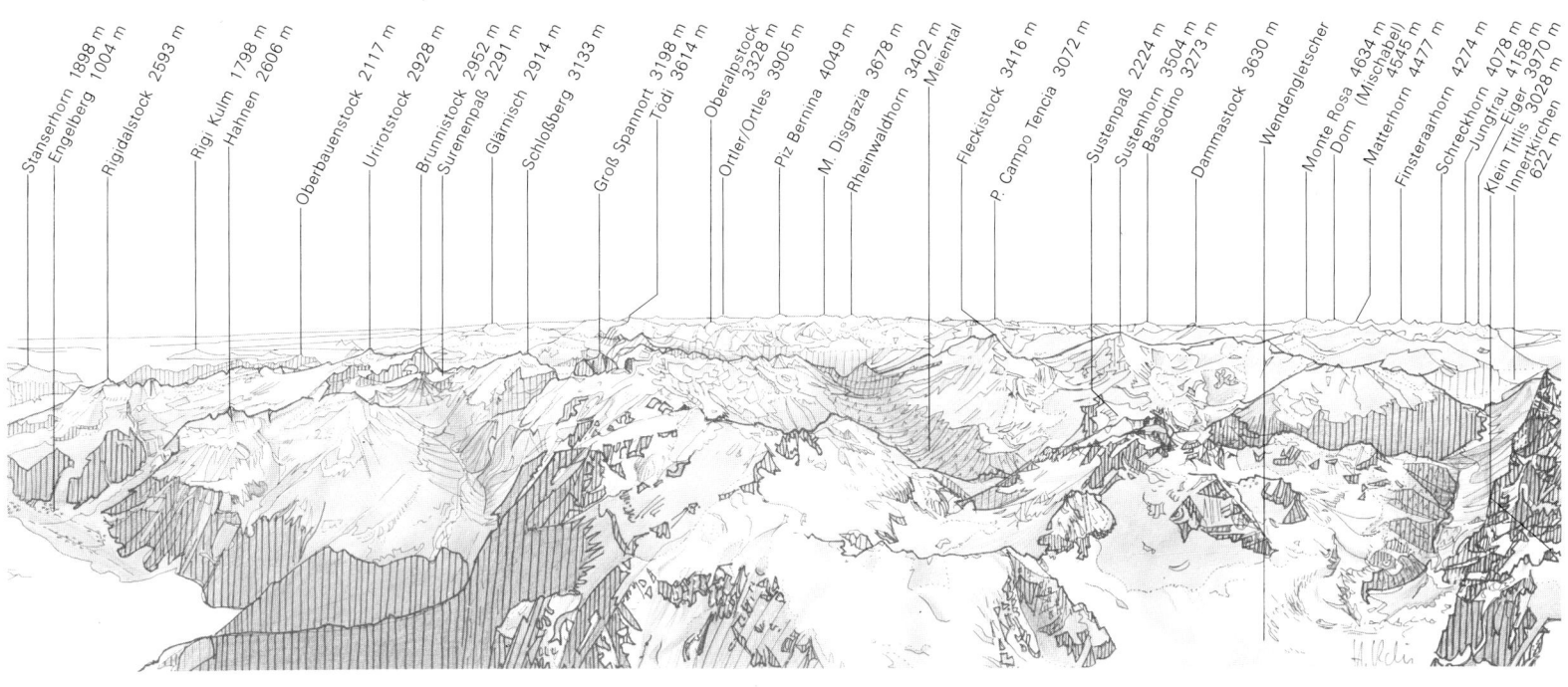

Als «weltbekannten Gipfel» bezeichnet das sonst so sachliche Geographische Lexikon der Schweiz von 1910 den 3239 m hohen Titlis im Süden von Engelberg. «Weltbekannt» ist wohl etwas viel der Ehre für den Berg, auf dem die Kantone Obwalden und Bern zusammenstoßen. Immerhin hielten im Mittelalter viele Eidgenossen den Titlis für die höchste Erhebung ihres Landes. Seine Steilabbrüche und vergletscherten Flanken hatten bei ihnen offenbar einen besonders starken Eindruck hinterlassen. Erst im 18. Jahrhundert, als die Furcht vor den Bergen langsam zu schwinden begann, wurde der Titlis erstmals erstiegen. Vier Dienstleute des Klosters Engelberg wagten 1744 die achtstündige Tour. Trotz des sonnigen Wetters sei es oben kalt und windig gewesen, berichteten sie nach der Rückkehr. Von ihrer Tat kündeten zwei schwarze Tücher an einer Stange auf dem Gipfel – schwarz deshalb, damit sich die Flaggen deutlich vom Weiß des Firns abhoben. Während des 19. Jahrhunderts entwickelte sich der Titlis zu einem beliebten Zentralschweizer Aussichtsberg; der Rundblick reicht von den Bündner bis zu den Walliser Alpen und übers Mittelland hinweg bis zu den blauen Juraketten. Ganz amüsant ist es, in alten Titlis-Gipfelbüchern zu blättern. 1877 etwa bestieg Suppenfabrikant Julius Maggi aus Kemptthal den Berg, 1878 der Topograph und Panoramenzeichner Xaver Imfeld, 1881 der Piano-

«Sommet universellement connu»: Le Lexique Géographique de la Suisse, par ailleurs si objectif, définit ainsi en 1910 le Titlis (3239 m), situé au sud de Engelberg. C'est peut-être surestimer cette montagne, limite des cantons de Obwalden et de Berne. Toutefois, au Moyen-Age, de nombreux habitants de la Confédération le prenaient pour le sommet le plus élevé de leur pays. Ses versants abrupts et ses pentes couvertes de glaciers faisaient visiblement grosse impression. La première ascension du Titlis ne se fit qu'au XVIIIe siècle, alors que s'atténuait la crainte de la montagne. Quatre domestiques de l'abbaye d'Engelberg se lancèrent dans cette course qui devait durer huit heures. Ils racontèrent à leur retour que malgré le temps ensoleillé, ils avaient souffert du froid et du vent. Deux morceaux de tissu noir – pour être vus distinctement sur le blanc de la neige – fixés à un bâton planté au sommet témoignaient de leur exploit. Au XIXe siècle, le Titlis devint la montagne favorite des habitants de la Suisse Centrale: la vue s'étend des Alpes des Grisons jusqu'aux Alpes Valaisannes et, au-delà du Plateau, jusqu'au Jura suisse. Il est amusant de feuilleter le registre du sommet. On y trouve par exemple en 1877 le nom de Julius Maggi, fabriquant de soupe à Kemptthal, en 1878 celui de Xavier Imfeld, topographe et paysagiste, en 1881 celui de Fred T. Steinway, fabricant de piano. Peut-

«Montagna universalmente nota», così il «Lessico Geografico Svizzero» definiva nel 1910 il Titlis (3239 m), situato a sud di Engelberg. La pubblicazione, di solito molto obiettiva, in quel caso aveva forse sopravvalutato la montagna, posta al limite tra i cantoni di Obwaldo e di Berna. D'altronde, nel Medio Evo, molti abitanti della confederazione la credevano la cima più elevata del loro paese. I suoi versanti ripidi e ricoperti di ghiacciai procuravano evidentemente una grande impressione. La prima ascensione del Titlis non avvenne che nel XVIII secolo, quando si andò attenuando il timore atavico per le montagne. Quattro servitori dell'abbazia di Engelberg si lanciarono in un'impresa che doveva durare otto ore. Al ritorno essi raccontarono che, malgrado il gran sole, essi avevano sofferto per il freddo ed il vento. Due pezzuole, nere per essere viste distintamente sul biancore della neve, furono fissate ad un bastone infisso sulla vetta a testimonianza del successo. Nel XIX secolo, il Titlis divenne la montagna preferita degli abitanti della Svizzera Centrale: la vista da lassù si estende dai Grigioni fino alle Alpi Vallesane e, oltre la pianura centrale, fino al Giura svizzero. È divertente sfogliare il registro di vetta. Vi si trova, ad esempio, il nome di Julius Maggi, produttore di minestre a Kemptthal; nel 1878 quello di Xavier Imfeld, topografo e paesaggista; nel 1881 quello di Fred T. Steinway, costruttore di pianoforti. Può darsi che il

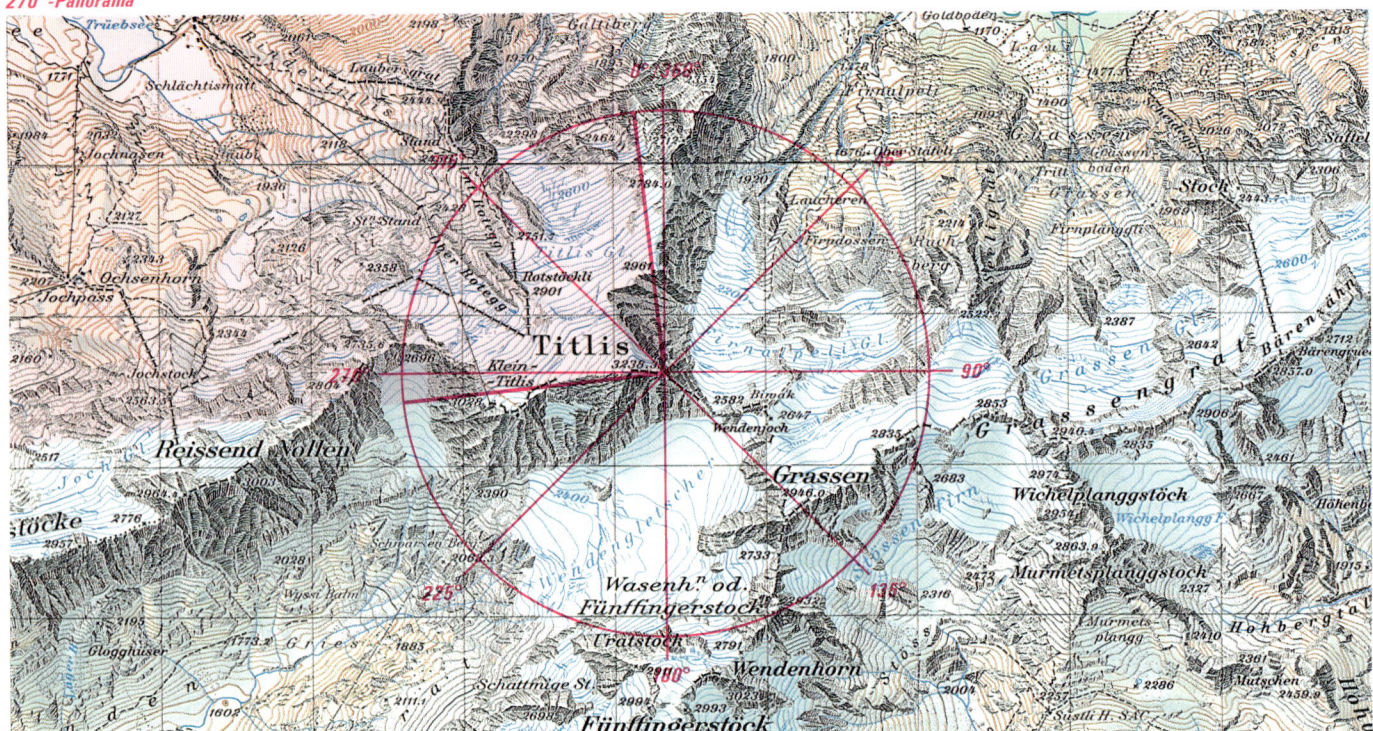

bauer Fred T. Steinway aus New York…
vielleicht hatte das Geographische Lexikon
mit der Etikettierung «weltbekannt» doch
nicht so unrecht. Ja, und auch der Teufel war
auf dem Titlis; freilich schrieb sich der Besucher vom 14. Juli 1878 mit zwei f und führte
ein vornehmes «von» im Namen: C. von
Teuffel aus deutschen Landen.
Teuflische Qualen standen anscheinend zu
jener Zeit zwei Herren französischer Zunge
aus. «Mon Dieu, que je suis donc satisfait

être le Lexique Géographique n'avait-il pas
complètement tort en le disant «universellement connu». Même le diable vint sur le Titlis! Celui-là s'appelait von Teuffel, avec par-
ticule et deux «f»… (on sait qu'en allemand,
diable s'écrit «Teufel»).
Un supplice diabolique semble d'ailleurs
avoir été réservé à cette époque à deux mes-
sieurs de langue française. «Mon Dieu, que je
suis donc satisfait d'être arrivé là-dessus»,
soupire l'un. «Mon Dieu, que je serai satisfait

«Lessico Geografico» non avesse tutti i torti
nel definirla una montagna «universalmente
nota»! Anche il Diavolo andò sul Titlis. Quello in particolare si chiamava von Teuffel, con
particella nobiliare e due «f»… (diavolo in te-
desco si scrive «Teufel»).
Un supplizio diabolico sembra d'altronde essere stato riservato, all'epoca, a due signori di
lingua francese. «Mio Dio, come sono contento d'essere giunto quassù», sospira uno.
«Mio Dio, come sarei contento di tornare in

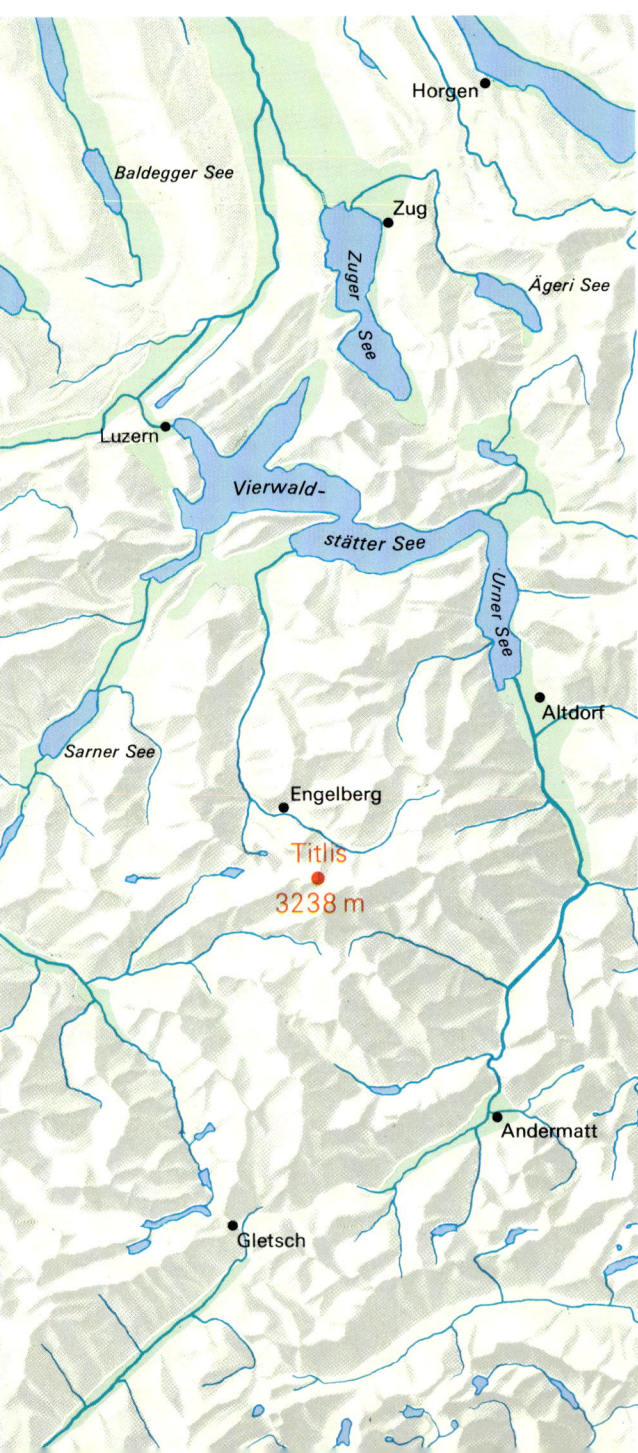

Mit seinen 3239 m ü. M. zählte
der Titlis schon immer zu den
Schneebergen, die auch jenen
ein Hochgebirgserlebnis ver-
mitteln, welche keine Viertausender bezwingen können
oder wollen. Erleichtert wird
der Anstieg heute durch eine
Seilbahn in zwei Sektionen
vom Obwaldner Fremdenver-
kehrsort Engelberg auf den
Kleintitlis. Dort, auf 3020
m ü. M., gibt es ein Panorama-
Restaurant nebst Eisgrotte.
Vom Kleintitlis auf den Hauptgipfel mit seinem eisernen
Dreispitz (trigonometrisches
Signal 1. Ordnung) dauert der
Fußmarsch dann noch eine
Stunde; festes Schuhwerk ist
unbedingt erforderlich.
Der Titlis macht, gutes Wetter
vorausgesetzt, einen ausge-
sprochen lebensfrohen Eindruck. Sicher tragen die bun-
ten Skianzüge der Touristen
dazu bei, die hier winters wie
sommers ihrem Lieblingssport
nachgehen.
Kletterspezialisten fühlen sich
durch die Kalkabstürze der
Titlis-Südwand herausgefor-
dert. Wie eine Mauer ragt sie
über dem Wendengletscher
empor und enthält Anstiegs-
routen der Schwierigkeitsgrade V und VI.

Bien qu'il n'ait que 3239 mètres, le Titlis est un grand sommet glaciaire, et donne à ceux
qui ne veulent ou ne peuvent
monter à 4000, l'occasion de
faire l'expérience de la haute
montagne. L'accès en est facilité aujourd'hui par un téléphérique en deux tronçons qui part
d'Engelberg, bourgade touristique de l'Obwald, et arrive sur
le Kleintitlis (Petit Titlis). Là, à
3020 mètres, se trouve un restaurant panoramique proche
d'une grotte de glace.
Du Kleintitlis, il faut encore une
heure de marche pour atteindre
le sommet et son triangle géo-
désique. De bonnes chaus-
sures sont absolument nécessaires.

Par beau temps, il règne au
sommet du Titlis une ambiance
de fête due pour beaucoup aux
tenues bariolées des skieurs
qui fréquentent ce sommet été
comme hiver.
Les parois calcaires de la face
sud du Titlis constituent un
beau défi pour les grimpeurs.
Sur ces murailles qui se dressent au-dessus du glacier de
Wende, ont été tracées des
voies d'escalade extrême.

Benché non abbia che 3229
metri, il Titlis è una grande
montagna glaciale che offre, a
chi non può o non vuole salire
un 4000, l'occasione di fare
un'esperienza di alta montagna. L'accesso è oggi molto fa-
cilitato da una teleferica in due
tronconi che, partendo da Engelberg, borgata turistica del-
l'Obwaldo, arriva al Piccolo
Titlis. Là, a 3020 metri, si trova
un ristorante panoramico prossimo ad una grotta di ghiaccio.
Dal Piccolo Titlis serve ancora
un'ora di cammino per raggiungere la vetta e il suo trian-
golo geodesico. Dei buoni
scarponi sono indispensabili.
Con il tempo bello, sul Titlis regna un ambiente festoso dovuto alle tenute variopinte degli sciatori che frequentano la
montagna sia d'estate che
d'inverno.
Le pareti calcaree della parete
sud costituiscono una sfida per
gli scalatori. Su quella muraglia che s'innalza dal ghiacciaio di Wenden sono state
tracciate vie di difficoltà estrema.

Der Pilatus (2121 m ü. M.) gehört zu den bekanntesten Gipfeln am Vierwaldstätter See. Jenseits des Nebelmeeres über dem Obwaldnerland sind die Berner Alpen zu erkennen.

Haut de 2121 m, le Pilate est l'une des cimes les plus connues des alentours du Lac des Quatre Cantons. Au-delà de la mer de nuages qui recouvre la région d'Obwald, on distingue les Alpes Bernoises.

Il Pilatus (2121 m s.l.m.) è una delle cime più conosciute del Lago dei Quattro Cantoni. Al di là del mare di nebbia, che vaga sopra il canton Obwalden, si riconoscono le Alpi Bernesi.

d'être arrivé là-dessus» (mein Gott, wie bin ich froh, endlich oben zu sein), seufzte der eine schriftlich im Gipfelbuch; «Mon Dieu, que je serai donc satisfait d'arriver en bas» (mein Gott, wie werde ich froh sein, wenn ich endlich wieder unten bin), setzte ein Leidensgenosse hinzu. Mit solchen Problemen mochte sich der Schriftsteller Conrad Ferdinand Meyer nicht herumschlagen. In seinem Gedicht «Engelberg» beschreibt er den Titlis aus der Ferne: «Gegenüber thronte sil-

berbleich / der Titlis in der Lüfte Reich / leis schwebt ihn an ein Rosenglimmer / ihn überfliegt ein Freudenschimmer / des Königs blaues Haupt erwacht / zu Lebensröten angefacht.» Läßt sich das Alpenglühen der Morgenröte schöner beschreiben?
Noch zwei Worte zur Geologie: Der Titlis besteht aus Hochgebirgskalk der oberen Juraformation und wird durch Gneise des Aarmassivs unterlagert.

d'arriver en bas», ajoute son compagnon de douleur.
L'écrivain Conrad Ferdinand Meyer ne se souciait guère de tels problèmes. Il se contenta de regarder le Titlis de loin, et dans son poème «Engelberg», le décrivait ainsi:
«Lointain, nimbé de brumes argentées / Le Titlis souverain règne sur les airs. / Une douce lueur rose l'effleure, / Un frémissement de joie fugitive. / La cime bleue du roi prend vie / Et s'embrase dans l'aube nais-

sant.» Peut-on mieux décrire l'embrasement de l'aube, le fameux «Alpenglühen»?
Après tant de romantisme et de poésie, il est difficile de revenir à une description impersonnelle de la montagne. Pourtant, encore un mot sur son aspect géologique: le Titlis est composé d'un calcaire datant de jurassique supérieur et reposant sur le gneiss du massif de l'Aar.

basso...», aggiunge il suo compagno di dolore.
Lo scrittore Conrad Ferdinand Meyer non si preoccupava assolutamente di tali problemi. Egli si contentò di guardare il Titlis da lontano e, nel suo poema Engelberg, lo descrisse così: «Lontano, avvolto da brume argentate / Il Titlis sovrano regna sull'arie. / Un dolce lucore solo lo sfiora, / Un fremito di pioggia fuggitiva. / La cima azzurra del re prende vita, / E s'infiamma nell'alba nascente.» È possibi-

le descrivere meglio il miracolo dell'alba?
Dopo tanto romanticismo e poesia è difficile tornare al tema concreto della descrizione spassionata della montagna. Pure, dobbiamo spendere una parola sul suo aspetto geologico: il Titlis è composto da un calcare risalente al giurassico superiore che posa sullo gneiss del massiccio dell'Aar.

PIZ BERNINA

Auf der Himmelsleiter zum königlichen
Berg Graubündens.

Sur le chemin du ciel avec la reine
des montagnes du Canton des Grisons.

Sulle strade del cielo con la regina delle
montagne del Cantone dei Grigioni.

Blick vom Piz Morteratsch▶
(3751 m ü. M.) auf den Piz
Bernina (4049 m ü. M.) mit
dem Biancograt. Rechts der
Piz Roseg (3937 m ü. M.).

Depuis le Piz Morteratsch
(3751 m), Piz Bernina
(4049 m) et Biancograt. A
droite, le Piz Roseg (3937 m).

Vista dal Piz Morteratsch
(3751 m s.l.m.) sul Piz Bernina
(4049 m s.l.m) col Biancograt.
A destra il Piz Roseg (3937 m
s.l.m.).

◀Luftaufnahme des Tödi
(3620 m ü. M.) im Kanton Gla-
rus von Norden mit Bifertenfirn
(links) und Sandfirn.

Photo aérienne du Tödi
(3620 m), canton de Glaris;
prise depuis le nord, elle montre les deux névés: Bifertenfirn
(à gauche) et Sandfirn.

Il Tödi (3620 m s.l.m.) nel
Canton Glarona col Biferten-
firn (nevaio, a sinistra) e il
Sandfirn. Vista aerea da nord.

◀◀Der östliche Teil des vielar-
migen Vierwaldstätter Sees.
Links die Rigi, in der Mitte die
beiden Mythen ob Schwyz,
rechts am Bildrand die Reuss-
ebene bei Altdorf im Urner-
land. Die Flugaufnahme entstand in 2000 m ü. M. über
dem Niederbauenstock unweit
Seelisberg.

Partie orientale du Lac des
Quatre Cantons aux nombreuses ramifications. A gauche le
Rigi; au centre les deux Mythen, au-dessus de Schwyz;
sur la frange droite de la photo,
plaine de la Reuss. Environs
d'Altdorf, dans le canton d'Uri.
Photo aérienne prise à 2000
mètres d'altitude au-dessus du
Niederbauenstock, près de
Seelisberg.

Il ramo orientale del Lago dei
Quattro Cantoni ricco di inse-
nature. A sinistra si scorge il Ri-
ghi, nel centro i due Mythen
sopra Svitto, a destra, al margine della fotografia, il piano della Reuss nei pressi di Altdorf
nel Canton Uri. La fotografia è
stata scattata da un'altezza di
2000 m s.l.m. sopra il Niederbauenstock nei pressi di Seelisberg.

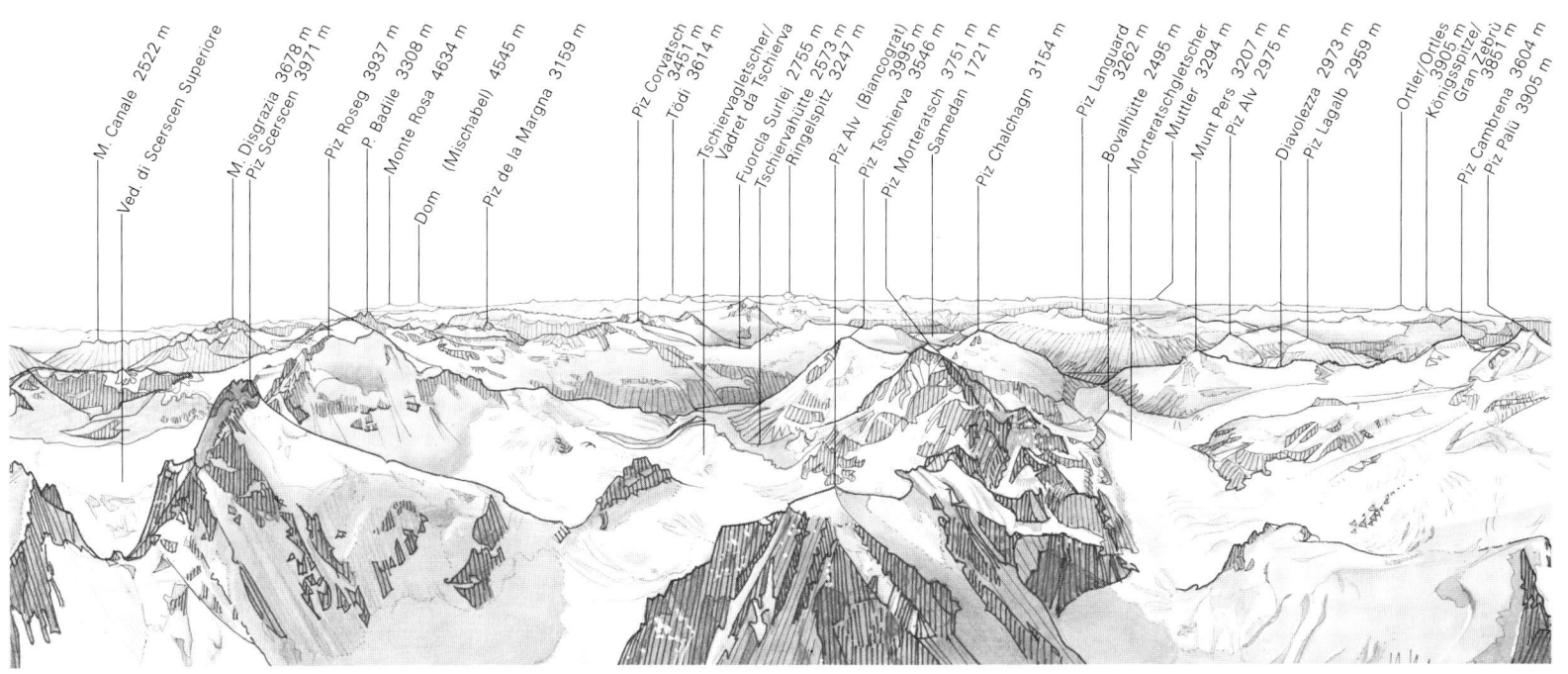

M. Canale 2522 m | Ved. di Scerscen Superiore | M. Disgrazia 3678 m | Piz Scerscen 3971 m | Piz Roseg 3937 m | P. Badile 3308 m | Monte Rosa 4634 m | Dom (Mischabel) 4545 m | Piz de la Margna 3159 m | Piz Corvatsch 3451 m | Tödi 3614 m | Tschiervagletscher/Vadret da Tschierva | Fuorcla Surlej 2755 m | Tschiervahütte 2573 m | Ringelspitz 3247 m | Piz Alv (Blancograt) | Piz Tschierva 3995 m | Piz Morteratsch 3546 m | Samedan 1721 m | Piz Chalchagn 3154 m | Piz Languard 3262 m | Bovalhütte 2495 m | Morteratschgletscher | Mütter 3294 m | Munt Pers 3207 m | Piz Alv 2975 m | Diavolezza 2973 m | Piz Lagalb 2959 m | Ortler/Ortles 3905 m | Königsspitze/ | Piz Cambrena 3604 m | Gran Zebrù 3851 m | Piz Palü 3905 m

Wer in Graubünden – ja, in den ganzen Ostalpen überhaupt – einen Viertausender besteigen will, hat keine Auswahl. Einzig der Piz Bernina reicht mit 4049 m über diese magische Grenze des Alpinismus hinaus.
Der Engadiner Geometer Johann Coaz erreichte am 13. September 1850 zusammen mit zwei Kollegen auf Vermessungsmission als erster den Gipfel ... der damals erstaunlicherweise noch namenlos war. Coaz – er zählte damals gerade 28 Jahre und sollte später eidgenössischer Oberforstmeister werden – nannte die Spitze Piz Bernina. Den Namen entlieh er dem nahen Berninapaß, der Verbindung vom Engadin ins Puschlav und weiter ins Veltlin. Der Paß seinerseits trägt den Namen nach einer Familie Bernin, welche in jener Gegend Alpweiden besessen hatte. Als Coaz und seine Kollegen den Piz Bernina bezwangen, hatten sie noch keine Berghütten zur Verfügung. Von der Paßwirtschaft aus dauerte ihr Anstieg volle zwölf Stunden, so daß sie erst sehr spät auf dem Gipfel ankamen. Dann kam der nächtliche Abstieg! Zum Glück leuchtete der Mond unseren drei wackeren Männern auf ihrer stundenlangen Kletterei in Eis und Fels. Nachts um 2 Uhr, nach genau 20 Stunden, erreichten sie todmüde ihr Quartier, das Wirtshaus am Berninapaß. Coaz und seine Begleiter hatten den Piz Bernina über den Morteratschgletscher, die Eiswildnis des noch heute berüchtigten «Labyrinths» und den

Celui qui, dans le canton des Grisons, et même en fait, dans toutes les Alpes Orientales, veut gravir un 4000, n'a pas le choix. Seul le Piz Bernina, avec ses 4049 mètres, dépasse ce seuil magique.
Le géomètre engadin Johann Coaz et deux de ses collègues furent les premiers à atteindre, le 13 septembre 1850, au cours d'une mission topographique, ce sommet qui, chose étonnante, n'avait à l'époque pas de nom. Coaz qui avait alors 28 ans et devait devenir ensuite inspecteur général des Eaux et Forêts suisses, l'appela Piz Bernina. Il faisait référence au col de la Bernina qui relie l'Engadine au Val de Poschiavo et à la Valteline. Le col tire lui-même son nom d'une certaine famille Bernin, qui possédait des pâturages dans la région.
Lorsque Coaz et ses collègues atteignirent le Piz Bernina, il n'existait pas encore de refuge. Leur ascension depuis l'auberge du col dura en tout douze heures, de sorte qu'ils arrivèrent très tard au sommet. Puis il fallut descendre de nuit! Par bonheur, la lune éclaira la longue marche des trois hommes courageux dans la glace et les rochers. A deux heures du matin, morts de fatigue, après vingt heures de course, ils retrouvaient l'auberge du col. L'itinéraire de Coaz et ses compagnons passait par le glacier du Morteratsch, les dangereux séracs du «Labyrinthe» et l'arête est. Plus tard, cette arête tomba presque dans l'oubli; la voie normale passe maintenant par

Chi volesse salire un 4000, nel Cantone dei Grigioni e, di fatto, in tutte le Alpi Orientali, non ha scelta. Soltanto il Bernina, con i suoi 4049 metri, supera la magica soglia.
Il geometra engadinese Johann Coaz e due suoi colleghi furono i primi, il 13 settembre 1850, a raggiungere quella cima che, fatto sbalorditivo, all'epoca ancora non aveva nome. Coaz, che aveva allora 28 anni e sarebbe diventato in seguito ispettore generale delle Acque e Foreste svizzere, la battezzò Piz Bernina. Egli fece riferimento al Colle della Bernina che collega l'Engadina alla Valle di Poschiavo e alla Valtellina. Il colle prende a sua volta il nome da una certa famiglia Bernin, proprietaria di pascoli nella regione.
Quando Coaz e compagni raggiunsero il Bernina, non esistevano rifugi. La loro ascensione prese le mosse dalla locanda sul colle e durò in tutto sedici ore: essi giunsero quindi molto tardi in vetta. Poi bisognò scendere di notte! Per fortuna la luna rischiarò la lunga marcia dei tre coraggiosi sul ghiaccio e tra le rocce. Alle due del mattino, morti di fatica dopo venti ore di cammino, essi ritrovarono la locanda sul colle.
L'itinerario di Coaz e compagni passava per il ghiacciaio di Morteratsch, poi tra i pericolosi seracchi del «Labirinto» e sulla cresta est. Più tardi, su quella cresta è sceso l'oblio; la via normale passa oggi sulla «spalla», superata per la prima volta il 23 giugno 1866 da due viaggiatori inglesi condotti da due guide svizzere.

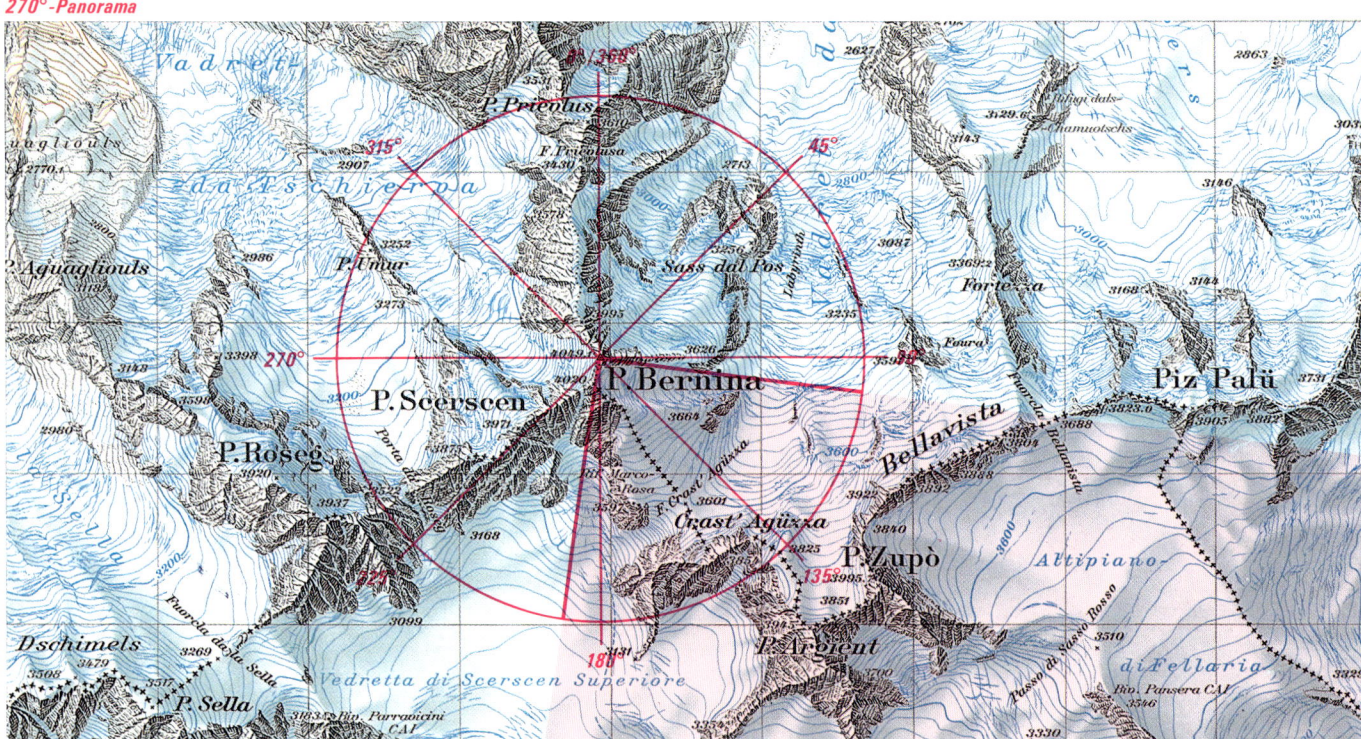

Wo noch frei die Wasser strö-
men: Nardisfälle im Val Génova am Adamello. Hier trifft man
auch die letzten Bären der Alpen.

Là où l'eau s'écoule encore li-
brement – cascade de Nardis
dans le Val Génova, au pied de
l'Adamello – vivent les derniers
ours de l'arc alpin.

Dove l'acqua scorre ancora li-
bera: la cascata di Nardis nella
Val Génova nella zona del-
l'Adamello. Qui si incontrano
ancora gli ultimi orsi delle Alpi.

Ostgrat bezwungen. Später geriet dieser
Ostgrat nahezu in Vergessenheit; der Nor-
malweg führt heute über den Spallagrat, der
am 23. Juni 1866 von zwei Engländern mit
Hilfe zweier Schweizer Bergführer erstmals
begangen wurde. Wer sich indessen ein besonderes Erlebnis gönnen möchte, wähle die
Route über den Biancograt, den Weißen
Grat. Kenner schwärmen von ihm als «Himmelsleiter» und halten ihn für den prachtvoll-
sten Firngrat der gesamten Alpen.

l'arête de la Spalla, que franchirent pour la
première fois le 23 juin 1866 deux anglais
conduits par deux guides suisses.
Mais celui qui veut vivre des moments intenses doit choisir la Biancograt, l'arête Blanche. Les connaisseurs, enthousiastes, la
nomment «l'échelle de Jakob» et la tiennent
pour l'arête de neige la plus belle de toutes
les Alpes.

Chi volesse vivere dei momenti veramente
intensi deve però salire la Biancograt, la cresta Bianca. I conoscitori, entusiasti, la chiamano la «scala di Giacobbe» ed è, a loro
parere, la cresta di neve più bella delle Alpi
intere.

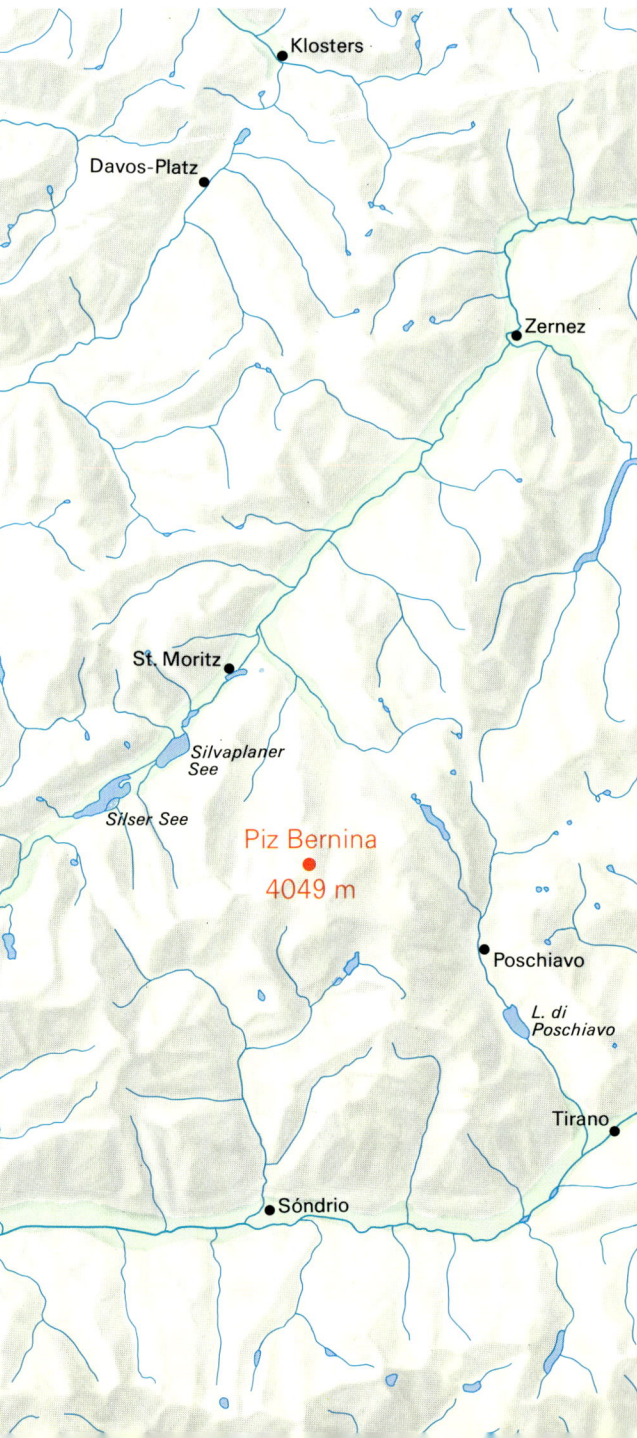

Mit Superlativen muß das
Oberengadin nicht gerade gei-
zen: die weltberühmte Seen-
landschaft, der mondäne Kur-
ort St. Moritz, die prickelnde
«Champagnerluft» (so der
Werbeprospekt) ... und natürlich das im Piz Bernina auf
4049 m ü. M. kulminierende
Hochgebirge.
Am leichtesten zugänglich ist
die Berninagruppe von der
Bernina-Paßstraße oder von
der parallel dazu verlaufenden
Berninabahn aus – auch diese
übrigens ein Superlativ: die
höchste Adhäsionsbahn Europas. 1906–1910 erbaut, führt
sie über 61 km von St. Moritz
nach Tirano (Veltlin/Italien)
und hat ihren Scheitelpunkt
beim Bernina-Hospiz auf 2256
m ü. M. Bahn wie Straße ge-
währleisten die Verbindung
während des ganzen Jahres.
Wer, ohne Alpinist zu sein, die
firngekrönten Hochgipfel der
Bernina bewundern möchte,
wandere am besten von Pontresina aus ins Val Roseg bis
zum Zungenende des Roseg-
gletschers. Eine andere Mög-
lichkeit ist der kurze Gang von
Morteratsch (Haltestelle der
Berninabahn) zum Mor-
teratschgletscher.

La haute Engadine peut ne pas
se montrer avare de superlatifs:
paysage de lacs universellement connu, station thermale
mondaine de St-Moritz, pétil-
lant «air de champagne» (dé-
clare avec enthousiasme le
prospectus)... et bien sûr,
massif montagneux culminant au
Piz Bernina à 4049 mètres.
Le plus facile pour accéder au
massif de la Bernina est d'arriver par la route du col ou par la
voie ferrée de la Bernina –
celle-ci, du reste, étant aussi
un superlatif: le chemin de fer
sans crémaillère le plus haut
d'Europe. Elle fut construite de
1906 à 1910, va de St-Moritz à
Tirano (Valteline, en Italie) en
soixante et un kilomètres et atteint son point culminant à

l'hospice de Bernina, 2256 m.
Route et rail assurent la jonc-
tion durant toute l'année.
Celui qui, sans être alpiniste,
voudrait admirer les hauts
sommets glaciaires de la Bernina, quittera Pontresina pour
le Val Roseg et marchera jusqu'à l'extrémité du glacier de
Roseg. On peut également
partir de la station ferroviaire
du Morteratsch et atteindre rapidement le glacier du même
nom.

L'Alta Engadina non può dirsi
povera di superlativi: un paesaggio di laghi universalmente
ammirati, la stazione termale e
mondana di St. Moritz, una
frizzante «aria di campagna»
(come dichiara con entusiasmo il prospetto pubblicita-
rio)... e, per certo, il massiccio
montuoso che culmina nel
Bernina a 4049 metri.
Il sistema più semplice per ac-
cedere al massiccio del Bernina è quello di percorrere la strada del colle oppure di prendere
la ferrovia, che merita anch'essa dei superlativi per essere la
strada ferrata senza cremaglie-
ra più alta d'Europa. Fu costruita tra il 1906 e il 1909, va
da St. Moritz a Tirano nella
Valtellina in sessanta chilometri e tocca il suo punto più elevato all'Ospizio, a 2256 metri.
Strada e ferrovia assicurano il
transito per tutto l'anno.
Chi, pur non essendo alpinista,
vuole ammirare le alte vette
glaciali del Bernina, può la-
sciare Pontresina per la Valle di
Roseg e camminare fino al-
l'estremità del ghiacciaio di
Roseg. Si può anche partire
dalla stazione ferroviaria di
Morteratsch e raggiungere rapidamente il ghiacciaio che
porta lo stesso nome.

MONTE ADAMELLO

Von den Weinbergen
zu den Gletscherbergen.

Des vignobles aux glaciers.

Dalle vigne ai ghiacciai.

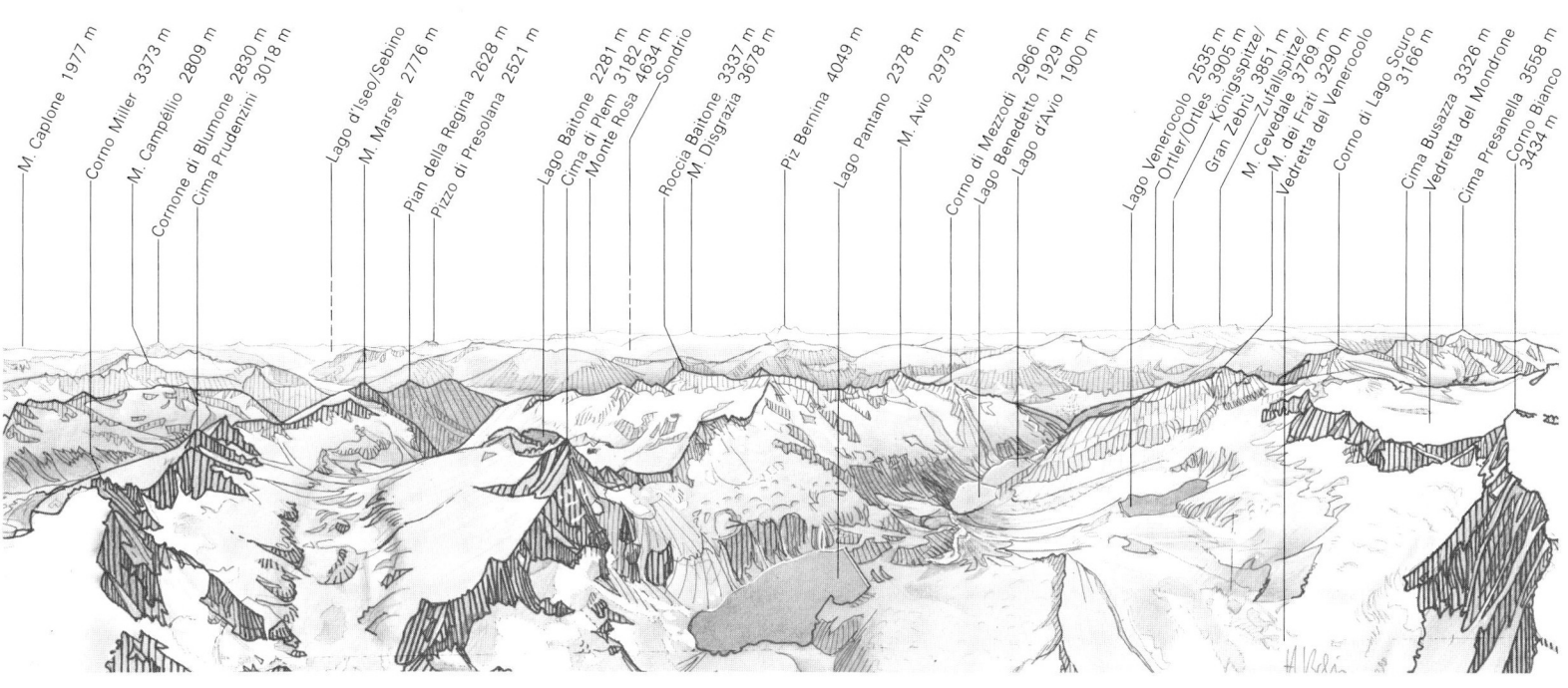

M. Caplone 1977 m — Corno Miller 3373 m — M. Campéllio 2809 m — Cornone di Blumone 2830 m — Cima Prudenzini 3018 m — Lago d'Iseo/Sebino — M. Marser 2776 m — Pian della Regna — Pizzo di Presolana 2521 m — Cima di Piem 3182 m — Lago Baitone 2281 m — Monte Rosa 4634 m — Sondrio — Roccia Baitone 3337 m — M. Disgrazia 3678 m — Piz Bernina 4049 m — Lago Pantano 2378 m — M. Avio 2979 m — Corno di Mezzodi 2966 m — Lago Benedetto 1929 m — Lago d'Avio 1900 m — Lago Venerocolo 2535 m — Ortler/Ortles 3905 m — Gran Zebrù 3851 m/Königsspitze — M. Cevedale 3769 m/Zufallspitze — M. dei Frati 3290 m — Vedretta del Venerocolo — Corno di Lago Scuro 3166 m — Cima Busazza 3326 m — Vedretta del Mandrone — Cima Presanella 3558 m — Corno Bianco 3434 m

Eine Gebirgsgruppe wird in den meisten Fällen nach ihrem höchsten Gipfel benannt. Doch keine Regel ohne Ausnahme: Höchster Berg der italienischen Adamello-Gruppe ist nicht etwa der Monte Adamello (3539 m ü. M.), sondern die 12 km weiter nordöstlich gelegene Cima di Presanella (3556 m ü. M.). Das macht allerdings bloße 17 m aus, was etwa der dreifachen Höhe einer Kletterstange entspricht – für alpinistische Maßstäbe demnach ein Pappenstiel.

Die Adamello-Gruppe im Osten der Bergamasker Berge ist das südlichste vergletscherte Hochgebirge der Alpen. Etwa 80 Gipfel über 3000 m Meereshöhe und an die 20 Gletscher – darunter der 12 km² umfassende Mandronegletscher am Fuß der 600 m steil abfallenden Nordwand des Adamello – bilden diese eindrückliche Landschaft. Die starke Vergletscherung ist eine Folge relativ reichlicher Niederschläge. Diese sind auch die Ursache für den Reichtum der Region an

prächtigen Wasserfällen. Etliche Gewässer sind durch Stauseen der Elektrizitätsgewinnung nutzbar gemacht worden; bereits zu Beginn unseres Jahrhunderts bezog die ferne Stadt Mailand Strom vom Adamello.
Da der Adamello früher – abseits der großen Verkehrsadern – recht isoliert lag, erfolgte die Erstbesteigung verhältnismäßig spät: 1864 durch Julius Payer und Caturani. Die erste Durchsteigung der bereits erwähnten Nordwand glückte 1898 dem Bergführer Mareni

Le plus souvent, un massif montagneux doit son nom à son point culminant. Mais il n'est pas de règle sans exception: le sommet le plus élevé du massif italien de l'Adamello n'est pas l'Adamello lui-même (3539 m), mais la Presanella (3556 m) située à douze kilomètres au nord-est. La différence d'altitude est de 17 mètres, ce qui correspond à trois fois la hauteur d'une perche – une bagatelle en ce qui concerne les normes alpines. L'Adamello, situé à l'est des Alpes berga-

masques, est le plus méridionnal des sommets glaciaires des Alpes. Environ quatre-vingt sommets de plus de 3000 mètres et vingt glaciers forment la dominante de ce paysage impressionnant, tel le glacier de Mandrane, s'étendant sur 12 kilomètres carrés au pied des 600 mètres de la face nord de l'Adamello. La forte proportion de glaciers est dûe en grande partie à d'abondantes précipitations. La région doit à celles-ci sa richesse en magnifiques cascades. La cons-

truction de quelques barrages a permis l'exploitation hydro-électrique de la région. Dès le début du siècle, la lointaine ville de Milan recevait son électricité de l'Adamello.
L'Adamello étant à l'écart des grands axes de circulation et assez isolé, c'est relativement tard, en 1864, qu'eut lieu la première ascension réalisée par Julius Payer et Caturani. La première de la face Nord fut faite en solitaire par le guide Mareni en 1898; en 1902 U. Valbusa entreprit la première à ski.

Il più delle volte, un massiccio montano prende il nome dalla sua punta culminante. Ma non esiste regola senza eccezioni: la cima più alta del massiccio dell'Adamello non è l'Adamello stesso (3539 m) ma la Presanella (3556 m), ch'è a dodici chilometri a nord-est. Ciò corrisponde tuttavia a soli 17 metri, pari a circa tre volte la lunghezza di una pertica per arrampicare – un'esiguità in campo alpinistico!
L'Adamello, che sorge ad oriente delle Alpi

bergamasche, è la più meridionale delle cime glaciali alpine. L'aspetto dominante del paesaggio è dato da circa ottanta vette superiori ai tremila metri e da molti ghiacciai. Lo spettacolo è impressionante, come lo è il ghiacciaio di Mandrane che si estende per 12 chilometri quadrati alla base dei 600 metri della parete nord dell'Adamello. La forte superficie glaciale è dovuta in gran parte alle precipitazioni abbondanti. Per lo stesso motivo la regione è ricca di magnifiche cascate. La co-

struzione di alcune dighe ha permesso lo sfruttamento idro-elettrico della regione e, all'inizio del secolo, la pur lontana Milano riceveva la sua elettricità dall'Adamello.
I primi alpinisti dovettero invece contare sulle proprie forze per salire dalle vigne alle cime innevate. Essendo l'Adamello discosto dalle grandi vie di comunicazione e abbastanza isolato, fu relativamente tardi, nel 1864, ch'ebbe luogo la prima ascensione realizzata da Julius Payer e Caturani. La prima della

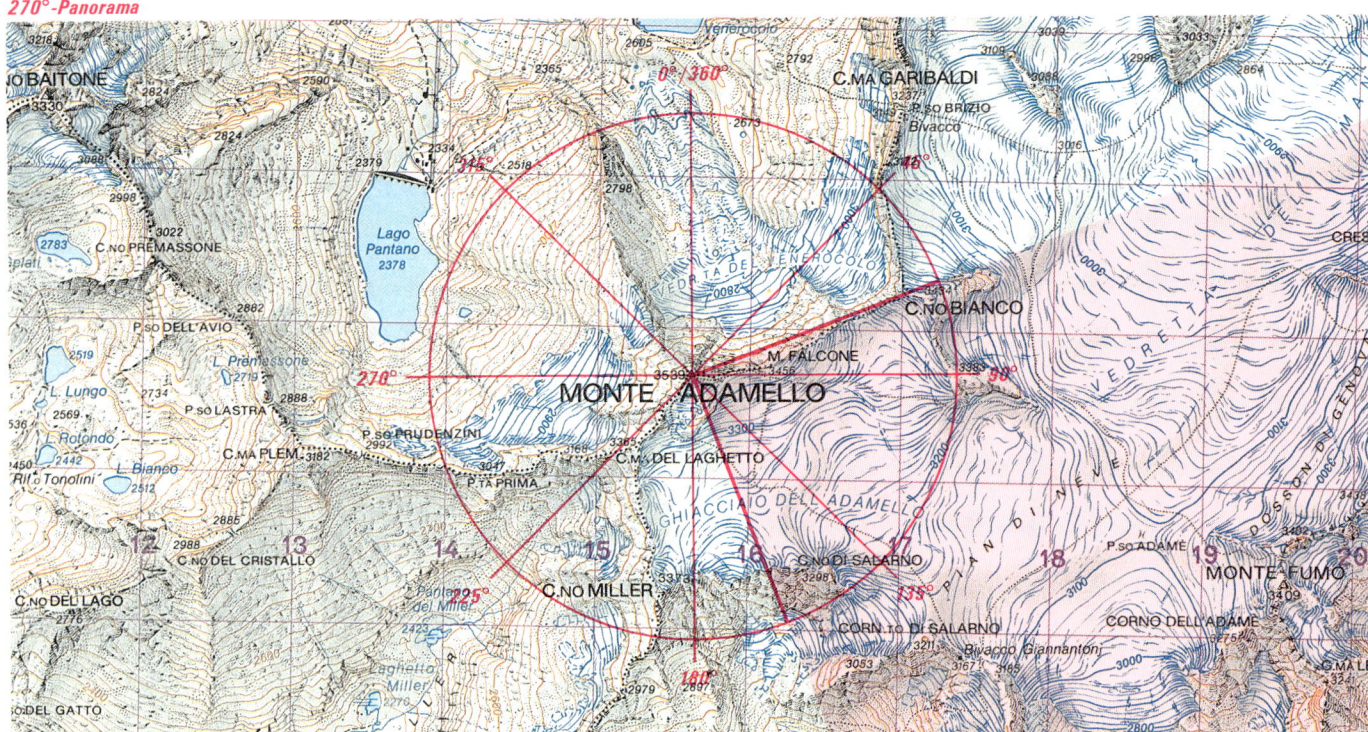

Ortlergruppe über Sulden, von
Osten her gesehen.

Massif de l'Ortles, vu depuis
l'est, au-dessus du village de
Solda.

Il gruppo dell'Ortles sopra
Solda, visto da est.

im Alleingang; 1902 unternahm U. Valbusa
die erste Skibesteigung.
Alpinistisch stellt der Monte Adamello keine
besonders großen Ansprüche. Die Kletterei
wird erleichtert durch das solide, griffige Gestein, aus dem das Gebirge aufgebaut ist. Es
ist ein spezieller Granit, den die Geologen
Tonalit nennen – nach dem nahen Passo di
Tonale zwischen dem Val Camónica im Westen und dem Val di Sole im Osten.

L'Adamello n'exige aucune connaissance
alpine particulière. L'escalade en est rendue
facile par la qualité et la solidité de sa roche.
C'est un granite spécial que les géologues
appellent tonalite, du nom du col de Tonale
reliant le Val Camonica à l'ouest au Val di
Sole à l'est. Contrairement à la plupart des
autres granites des Alpes, la tonalite de
l'Adamello est extrêmement jeune du point
de vue géologique et n'aurait qu'environ
quarante millions d'années.

parete nord fu compiuta in solitaria dalla guida Mareni nel 1898; nel 1902 Ugo Valbusa
compì la prima sciistica.
L'Adamello non esige alcuna conoscenza alpinistica particolare. La scalata è resa facile
dalla qualità e dalla solidità della roccia. È un
granito speciale che i geologi chiamano tonalite, dal nome del Colle del Tonale che collega la Val Camonica alla Val di Sole.

◀◀Emil Zsigmondy, der legendäre
«führerlose» Ostalpenpionier
aus Wien (er kam 1885 erst
24jährig bei einem Seilriß in
den Westalpen ums Leben),
hat den 3539 m hohen Monte
Adamello als einen der aus-
sichtsreichsten Gipfel überhaupt bezeichnet. Außerdem
empfiehlt Zsigmondy in seinen
«Wanderungen im Hochge-
birge» die Tour von der Ortler-
zur Adamello-Gruppe: «Eine
schönere Wanderung als die
von Sulden über den Cevedale
ins obere Martelltal, von da
nach Cógolo und schließlich
über Pizzano durch das Val
Stavel über die Presanella ins
Val Génova wird sich nicht
leicht in den Alpen finden.»
Dieser Route folgte auch unser
Panorama-Fotograf Willi P.
Burkhardt – freilich nicht in
mehrtägigem anstrengendem
Fußmarsch, sondern auf ra-
schem Helikopterflug. «Auffal-
lend war beim Blick von oben»,
erzählt er, «die starke Vergletscherung der beiden Gebirgs-
gruppen sowie deren Reichtum an Seen.» Große Teile der
noch sehr urtümlichen Regionen stehen unter Schutz; beim
Ortler ist es der Parco Nazionale dello Stélvio, beim Adamello
der Adamello-Brenta-Natur-
park mit seinem Braunbären-
Reservat im Val Génova.

Emil Zsigmondy, le légendaire
pionnier «sans guide» des Alpes orientales venu de Vienne
et qui se tua en 1885 à 24 ans
à la suite d'une rupture d'une
corde, a parlé de l'Adamello
(3539 m) comme de l'un des
plus beaux belvédères des Alpes. En outre, Zsigmondy re-
commande dans ses «Randonnées en haute montagne» la
traversée de l'Ortles à l'Adamello: «L'une des plus belles
randonnées des Alpes part de
Sulden et aboutit au Val Genova en passant par le Cevedale, le Val Martell, Cogolo,
Pizzano, le Val Stavel et la Presanella.»

C'est ce chemin qu'a choisi
aussi notre photographe Willi
P. Burkhardt – non pas lors
d'une marche de plusieurs
jours, mais au cours d'un rapide vol en hélicoptère. «Ce qui
frappe, vu d'en haut, raconte-
t-il, c'est la forte proportion de
glaciers dans les deux massifs
ainsi que leur richesse en lacs.»
Une grande partie de ces régions encore très archaïques
sont protégées: dans l'Ortles,
c'est le Parc National du Stelvio, dans l'Adamello le Parc
Naturel de Brenta avec sa réserve d'ours bruns du Val Génova.

Emil Zsigmondy, il leggenda-
rio pioniere «senza guida» delle
Alpi Occidentali, venuto da
Vienna e morto a causa della
rottura di una corda a soli 24
anni, ha parlato dell'Adamello
come di uno dei più ampi belvedere delle Alpi. Inoltre Zsigmondy, nelle sue «Camminate
in alta montagna», raccoman-
da la traversata dall'Ortles al-
l'Adamello: «Una delle più belle traversate delle Alpi parte da
Solda e finisce in Val Genova
passando per Cevedale, la Val
Martello, Cogolo, Pizzano, la
Val Stavel e la Presanella.»
È stato quello il cammino scelto dal nostro fotografo Willi P.
Burkhardt, non per una marcia
di parecchi giorni bensì per una
rapida corsa in elicottero. «Ciò
che stupisce vedendo il paesaggio dall'alto – egli racconta
– è la forte estensione dei
ghiacciai nei due gruppi, così
come la loro ricchezza d'acque.» Una gran parte di quelle
regioni ancora arcaiche è sotto
tutela: sull'Ortles c'è il Parco
Nazionale dello Stelvio, sul-
l'Adamello c'è il Parco Naturale del Brenta con la riserva di
orsi bruni della Val Genova.

ORTLER
ORTLES

Wo Gebirgssoldaten auch gegen
Naturgewalten kämpfen mußten.

Où les troupes alpines durent aussi
combattre les éléments.

Dove le truppe alpine dovettero combattere
anche contro gli elementi.

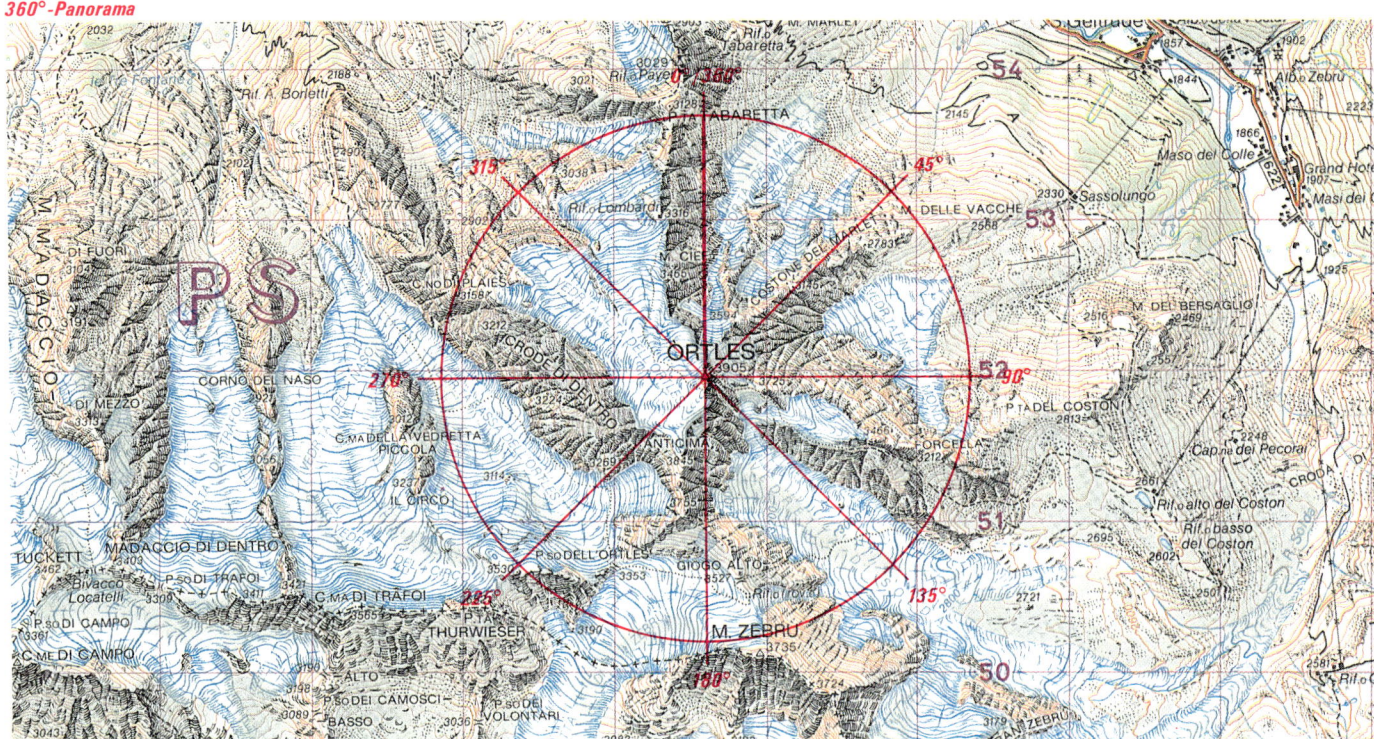

Seltsames ereignete sich am Fuß des Ortlers in Südtirol anno 1888. Damals gelangten 27 Kisten aus der fernen Hauptstadt Wien ins Dörfchen Trafoi. Wohlverpackt in diesen Kisten lagerte das Material zum Bau eines Kaiserdenkmals auf dem Ortler, dem mit seinen 3905 m ü. M. höchsten Gipfel auf dem Boden der damaligen österreichisch-ungarischen Monarchie. Allerdings ging dann den Initianten das Geld aus, und die geplante Errichtung des Obelisken mußte unterbleiben.

Wenige Jahre später wurde in Fels und Eis doch noch emsig Baumaterial geschleppt. 1915 war Italien in den Ersten Weltkrieg eingetreten und berannte die Grenzen des österreichischen Südtirol. Auch der Ortler, in unmittelbarer Grenznähe gelegen, geriet in die Kampfzone. Zwar blieb der firnbedeckte Gipfel selber unbesetzt, doch rund um den imposanten Klotz aus Dolomitgestein entstanden militärische Anlagen: Geschützstellungen, Beobachtungsposten, Stollen, Un-

Einem schlichten Gemsjäger von schmächtiger Statur fiel die Ehre zu, den 3905 m hohen Ortler zu bezwingen: Joseph Pichler aus Schluderns, genannt «Pseyrer Josele». Freilich flüsterten neidische Zeitgenossen, der Teufel habe dem Josele geholfen, als dieser zusammen mit zwei Kameraden am 28. September 1804 von Trafoi aus in neunstündigem Aufstieg als erster den Gipfel erreichte. Oben war es bitterkalt, und so machte sich die Gruppe gleich wieder an den Abstieg. Die wohlverdiente Gipfelrast holte Joseph Pichler im folgenden Jahr nach, als er, diesmal von Sulden aus, «seinen» Ortler ein zweites Mal bestieg.
Richtig populär wurde der Berg in der zweiten Hälfte des 19. Jahrhunderts. Allein 1871 erreichten 51 Personen den Gipfel mit seiner überwältigenden Rundsicht. Durch den Bau der Payer-Hütte 1875 wurde der Anstieg um ein gutes Stück erleichtert. 1880 gelang dann die erste Winterbesteigung durch den Österreicher Peter von Lendenfeld mit seinem Bergführer Peter Dangl. Um diese Zeit mußte man übrigens noch durchaus damit rechnen, am Ortler auf Bären zu treffen. Den Alpinisten taten sie nichts, vergriffen sich aber gelegentlich am Vieh der Bergbevölkerung. So soll ein von Jägern verfolgter Bär, der in Sulden ein Fohlen gerissen hatte, über den Ortler (!) nach Trafoi geflüchtet sein. Ein geländegängiger Meister Petz, der für seine alpinistische Leistung Besseres als Kugeln verdient hätte . . .

Joseph Pichler de Schluderns, chasseur de chamois d'apparence chétive, eut l'honneur de vaincre l'Ortles (3905 m). Des contemporains envieux firent courir le bruit que le diable l'avait aidé. En fait il atteignit le sommet le 28 septembre 1804 avec ses deux compagnons, neuf heures après avoir quitté Trafoi. En haut, il faisait extrêmement froid et le groupe redescendit aussitôt. Joseph Pichler se rattrapa un an plus tard en prenant au sommet un repos bien mérité, lorsqu'il en fit la deuxième ascension, cette fois en partant de Sulden.
Cette montagne devint vraiment populaire dans la deuxième moitié du XIXᵉ siècle. Dans la seule année 1871, cinquante et une personnes atteignirent le sommet au panorama grandiose. La construction en 1875 du refuge Payer facilita grandement la montée. Puis en 1880, l'autrichien Peter von Lendenfeld en fit la première ascension hivernale avec son guide Peter Dangl. A cette époque, on risquait encore de rencontrer des ours sur l'Ortles! Ils ne faisaient rien aux alpinistes, mais s'attaquaient à l'occasion au bétail qui peuplait la montagne. Un ours qui avait déchiqueté un poulain à Sulden et était poursuivi par des chasseurs, aurait ainsi fui par l'Ortles (!) vers Trafoi. Un

ours tout terrain qui, pour performances alpines, aurait mérité mieux que quelques balles...

Joseph Pichler, un cacciatore di camosci dall'apparenza modesta, ebbe l'onore di vincere l'Ortles (3905 m). Dei contemporanei invidiosi fecero correre la voce che il diavolo l'avesse aiutato. In realtà egli raggiunse la cima, il 28 settembre 1804, con i suoi due compagni, nove ore dopo aver lasciato Trafoi. In alto faceva estremamente freddo e il gruppo ridiscese ben presto. Joseph Pichler recuperò l'anno seguente, prendendosi sulla cima un riposo ben meritato, quando effettuò la seconda ascensione partendo da Solda, quest'altra volta. La montagna divenne veramente celebre nella seconda metà del secolo scorso. Nel solo anno 1871, cinquantun persone giunsero su quella cima dal panorama grandioso. La costruzione, nel 1875, del rifugio Payer, facilitò moltissimo la salita. Poi, nel 1880, l'austriaco Peter von Lendenfeld compì la prima scalata invernale con la sua guida Peter Dangl. A quell'epoca si correva il rischio di incontrare gli orsi sull'Ortles! Essi non assalivano gli alpinisti, ma all'occasione attaccavano il bestiame che popolava la montagna. Un orso che aveva trafugato un puledro a Solda ed era perciò inseguito dai cacciatori, avrebbe preso la fuga attraverso l'Ortles (!) scendendo verso Trafoi. Un orso dagli appetiti molto terreni che, per le sue virtù alpinistiche, avrebbe meritato molto di più di un pallettone ...

Une chose étrange arriva au pied de l'Ortles dans le Sud-Tyrol (Trentin-Haut-Adige) en l'an 1888. A cette époque, arrivèrent dans le village de Trafoi vingt-sept caisses venues de la lointaine capitale Vienne. On y trouva, bien emballés, les matériaux nécessaires à la construction d'un monument à l'Empereur sur l'Ortles, point culminant de l'ancien empire austro-hongrois. Mais les commanditaires furent à court d'argent et la construction prévue n'eut pas lieu.

Quelques années plus tard, on déplaça encore à travers les rochers et la glace quantité de matériel de construction. En 1915, l'Italie était entrée dans la première guerre mondiale et attaquait les frontières du Sud-Tyrol autrichien. L'Ortles, très proche de la frontière, se trouva dans la zone de combat. Certes, le sommet lui-même ne fut pas occupé, à cause des glaciers, mais des campements militaires furent établis tout autour de cet imposant bastion de roche dolomitique: positions de

Nell'anno 1888, ai piedi dell'Ortles avvenne una cosa strana: al villaggio di Trafoi giunsero 27 casse dalla lontana Vienna. Vi si trovava, ben imballato, il materiale necessario per l'erezione di un monumento all'Imperatore sull'Ortles, il punto culminante dell'antico impero austro-ungarico. I committenti furono poi a corto di denaro e la costruzione prevista non ebbe luogo.
Qualche anno più tardi, attraverso le rocce e i ghiacciai venne trasportata una grande

quantità di materiali da costruzione. Era il 1915 e l'entrata in guerra dell'Italia minacciava le frontiere del Sud-Tirolo austriaco. L'Ortles, molto vicino al confine, si trovò nella zona dei combattimenti. La cima in sé non venne occupata, certo, ma le postazioni militari sorsero tutt'attorno a quelle imponenti bastionate di roccia dolomitica: batterie d'altiglieria, posti di osservazione, gallerie, ricoveri scavati in parte nel ghiaccio o nella nuda roccia con l'ausilio della dinamite. Ancora

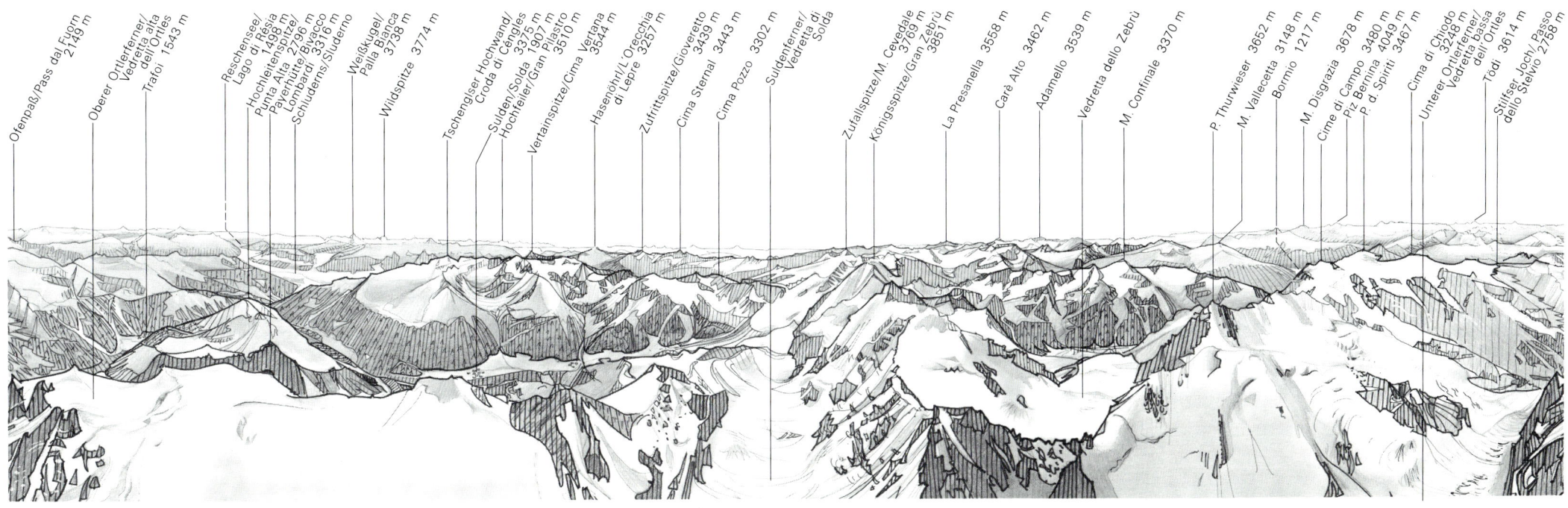

Ofenpaß/Pass dal Fuorn 2149 m — Oberer Ortlerferner/Vedretta alta dell'Ortles — Trafoi 1543 m — Reschensee/Lago di Résia — Hochleitenspitze/Punta Alta 2796 m — Payerhütte 3029 m — Lombardi/Schuderns/Sluderno — Weißkugel/Palla Bianca 3738 m — Wildspitze 3774 m — Tschengiser Hochwand/Croda di Cengles — Sulden/Solda 3375 m — Hochfeiler/Gran Pilastro 3510 m — Vertainspitze/Cima Vertana 3544 m — Hasenöhrl/L'Orecchia di Lepre 3257 m — Zufrittspitze/Gioveretto 3439 m — Cima Sternai 3443 m — Cima Pozzo 3302 m — Suldenferner/Vedretta di Solda — Zufallspitze/M. Cevedale 3769 m — Königsspitze/Gran Zebrù 3851 m — La Presanella 3558 m — Carè Alto 3462 m — Adamello 3539 m — Vedretta dello Zebrù — M. Confinale 3370 m — P. Thurwieser 3652 m — M. Vallecetta 3148 m — Bormio 1217 m — M Disgrazia 3678 m — Cime di Campo 3480 m — Piz Bernina 4049 m — P. d Spirti 3467 m — Cima di Chiodo 3248 m — Unterer Ortlerferner/Vedretta bassa dell'Ortles — Todi 3614 m — Stilfser Joch/Passo dello Stelvio 2758 m

terkünfte – zum Teil ins Gletschereis gehauen, zum Teil in den harten Dolomit gesprengt. Noch immer sieht man etwa am Hochjochgrat guterhaltene Stellungen aus der Zeit von 1915–1918.

Zum Materialtransport setzten die Österreicher kriegsgefangene Russen ein, bis dann eine Militärseilbahn von Sulden zur Payer-Hütte gebaut wurde. Nicht allein dem feindlichen Feuer waren die Soldaten an der Ortler-Front ausgesetzt, sondern auch den Naturgewalten: Sturm, Kälte, Steinschlag, Lawinen … Im Gebirgskrieg kann man sich das Wetter eben nicht aussuchen. An schönen Tagen klettern heute oft Hunderte von Seilschaften in der Ortlergruppe herum. Ob sie wohl daran denken, welchen Gefahren und Strapazen ihre Vorgänger in Uniform ausgesetzt waren?

Nach Kriegsende kam das Ortlergebiet – wie ganz Südtirol – an Italien. Ortschaften und Berge erhielten nun italienische Namen. Oft lehnten sich die neuen amtlichen Bezeichnungen eng an die deutschsprachige Form an: Solda/Sulden, Stélvio/Stilfs, Lasa/Laas, Silandro/Schlanders; der Ortler wurde zum Ortles – so hatten ihn die Italiener freilich schon immer genannt. Der am schwierigsten zugängliche Gipfel der ganzen Ortlergruppe, die Königsspitze (3859 m ü. M.), hieß fortan Gran Zebrù nach dem Valle di Zebrù bei Bórmio, welches im Mittelalter dem Einsiedler Zebrusius als Wohnstätte gedient hatte.

batteries, postes d'observation, souterrains, abris – taillés en partie dans la glace ou creusés à la dynamite dans le dur rocher. On peut voir encore de nos jours les traces des combats, par exemple au Hochjochgrat.

Pour le transport du matériel, les autrichiens utilisèrent des prisonniers russes, jusqu'à la construction d'un téléphérique militaire qui relia Sulden au refuge Payer. Les soldats du front de l'Ortles étaient bien sûr exposés au feu de l'ennemi, mais aussi à la rigueur des éléments: tempête, froid, grêle, avalanches… Dans une guerre de montagne, on ne peut pas choisir le temps. De nos jours, des centaines de cordées grimpent par beau temps dans le massif de l'Ortles. Savent-ils quels dangers et quelles fatigues encouraient leurs prédécesseurs en uniforme?

A la fin de la guerre, la région de l'Ortles – comme tout le Sud-Tyrol – devint italienne. Les bourgs et les montagnes prirent des noms italiens. Les nouvelles dénominations officielles d'inspirèrent directement de la forme allemande: Solda/Sulden, Stelvio/Stilfs, Lasa/Laas, Silandro/Schlanders; l'Ortler devint l'Ortles – les italiens l'avaient d'ailleurs toujours nommé ainsi. Le sommet le plus difficile d'accès de tout le massif, la Königsspitze (3859 m), continua à s'appeler le Grand Zebru, d'après le Val de Zebru près de Bormio, où habita au Moyen-Age l'immigrant Zebrusius.

Mais l'Ortles a tout-de-même fini par avoir

oggi si possono vedere le tracce delle battaglie, a Hochjochgrat, per esempio.

Per il trasporto dei materiali gli austriaci utilizzarono dei prigionieri russi finché non fu costruita la teleferica militare che collegò Solda al rifugio Payer. I soldati sul fronte dell'Ortles erano esposti al fuoco nemico ed anche alla furia degli elementi: tempeste, freddo, grandine, valanghe … In una guerra di montagna non si può scegliere il tempo.

Ai giorni nostri, centinaia di cordate scalano l'Ortles con il bel tempo e chissà se pensano a quanti pericoli e fatiche corsero i loro progenitori in uniforme.

Alla fine della guerra la regione dell'Ortles, come tutto il Sud-Tirolo, divenne italiana e borgate e montagne presero nomi italiani, pur non tradendo l'origine tedesca: Solda da Sulden, Stelvio da Stilfs, Lasa da Laas, Silandro da Schlanders.

Solo la cima di più difficile accesso di tutto il gruppo, la Königsspitze (3859 m) divenne il Gran Zebrù, prendendo nome dalla Val Zebrù, dove abitò nel Medio Evo il mitico Zebrusius.

L'Ortles ha finito comunque per avere ugualmente il suo monumento. Durante l'estate del 1954, 150 anni dopo la prima ascensione fatta nel 1804 da Joseph Pichler di Sluderno, i membri della sezione di Val Venosta del Club Alpino innalzarono una croce alta tre metri e mezzo in dolomia. La croce si trova poco sotto il punto culminante, perché la

MARMOLADA
MARMOLATA

Die Königin der Dolomiten läßt keine
Kletterwünsche offen.

La reine des Dolomites offre tout
ce qu'un grimpeur peut souhaiter.

La regina delle dolomiti offre tutto quanto
uno scalatore può desiderare.

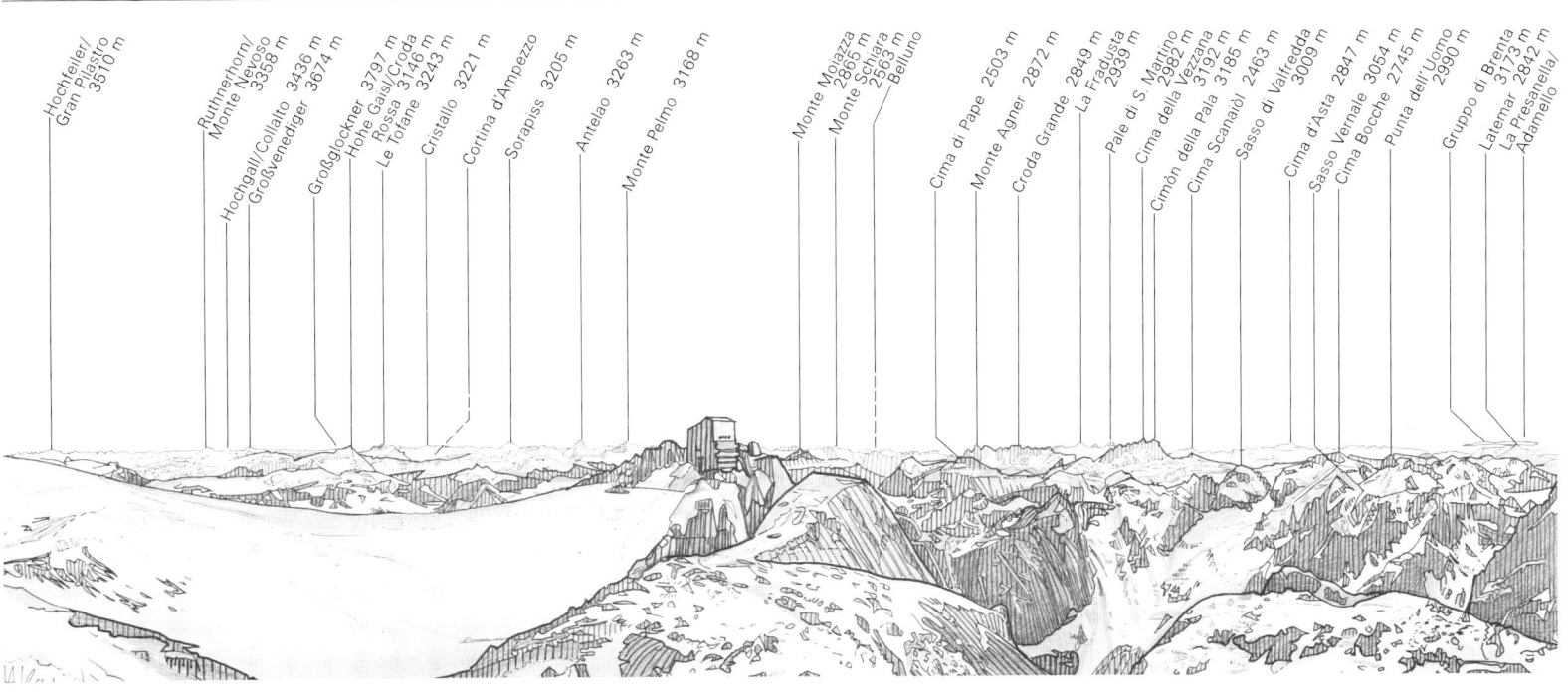

Hochfeiler/ Gran Pilastro 3510 m
Ruthnerhorn/ Monte Nevoso 3358 m
Hochgall/Collalto 3436 m
Großvenediger 3674 m
Großglockner 3797 m
Hohe Gaisl/Croda Rossa 3146 m
Le Tofane 3243 m
Cristallo 3221 m
Cortina d'Ampezzo
Sorapiss 3205 m
Antelao 3263 m
Monte Pelmo 3168 m
Monte Moiazza 2865 m
Monte Schiara 2563 m
Belluno
Cima di Pape 2503 m
Monte Agner 2872 m
Croda Grande 2849 m
La Fradusta 2939 m
Pale di S. Martino 2982 m
Cimón della Vezzana 3192 m
Cima della Pala 3185 m
Cima Scanaiòl 2463 m
Sasso di Valfredda 3009 m
Cima d'Asta 2847 m
Sasso Vernale 3054 m
Cima Bocche 2745 m
Punta dell'Uomo 2990 m
Gruppo di Brenta 3173 m
Latemar 2842 m
La Presanella/ Adamello

Weder Marmolada wie die Italiener noch Marmolata wie die Deutschsprachigen, sondern Marmoléda nennen die Ladiner im Südtirol (sie entsprechen ethnisch den Rätoromanen im schweizerischen Graubünden) den höchsten Bergstock der Dolomiten. «Ti es regina» – du bist die Königin, heißt es in einem alten ladinischen Volkslied, und auch die alpine Literatur gerät ins Schwärmen; da ist die Rede von der «montagna perfetta», dem vollkommenen Berg.

Les italiens disent Marmolada, les germanophones Marmolata, mais le nom véritable du plus haut sommet des Dolomites lui est donné par les Ladins du Sud-Tyrol: Marmoleda – «Ti es regina» – tu es la reine, chante un vieux refrain populaire ladin, et la littérature alpine, elle aussi, s'enthousiasme qui parle de «montagna perfetta».
Pour les Ladins, population résiduelle des Dolomites, «Marmoléda» signifie «l'étincelante»: les neiges éternelles brillent en effet

Gli italiani la chiamano Marmolada, i tedeschi e gli austriaci Marmolata, ma il vero nome della più alta cima dolomitica è dato dai Ladini della regione: «Marmoleda – Ti es regina», canta un vecchio ritornello popolare ladino. La letteratura alpina si è spesso entusiasmata e ha parlato di «montagna perfetta».
Per i Ladini, antica popolazione alpina, «Marmoleda» significa «la scintillante»: le nevi eterne brillano infatti con tutti i loro fuo-

Das «Marmoléda» der ladinischen Urbevölkerung bedeutet «die Glänzende» und bezieht sich auf die leuchtenden Firnfelder der stark vergletscherten Nordseite der Gebirgsgruppe, welche auf 3342 m ü. M. kulminiert. Vier Erschließungsphasen kennt die Marmolata: eine wissenschaftliche, eine militärische, eine extrem-alpinistische und eine touristische. Begonnen hat die Geschichte im 18. Jahrhundert, als Geologen die seltsam geformten Kalkstöcke untersuchten.

de tous leurs feux sur le glacier du versant nord de ce massif qui culmine à 3342 m.
La découverte de la Marmolada se fit en quatre étapes: une scientifique, une militaire, une d'alpinisme extrême et une touristique. Son histoire commença au XVIIIe siècle, lorsque les géologues en explorèrent les bastions calcaires aux formes étranges.
Ce monde bizarre d'aiguilles et de pitons de roche claire dominant les vallées verdoyantes sous le ciel bleu du Sud-Tyrol attira très

chi sul ghiaccio del versante settentrionale del massiccio culminante a 3342 metri.
La scoperta della Marmolada avvenne attraverso quattro fasi: una scientifica, una militare, una di alpinismo estremo ed una turistica. La sua storia cominciò nel XVIII secolo, quando i geologhi ne esplorarono i bastioni calcarei dalle forme insolite.
Quel mondo bizzarro fatto di guglie e pinnacoli di roccia chiara dominante le valli verdeggianti sotto il cielo azzurro, attirò l'atten-

Die bizarre Bergwelt der hellen Felsnadeln und -stöcke zwischen den grünen Tälern und dem blauen Himmel Südtirols zog schon früh die Aufmerksamkeit der Naturforscher auf sich. Den Namen Dolomiten verdankt die Landschaft dem großen Genfer Geologen (und Mont-Blanc-Besteiger) Horace-Bénédict de Saussure, der 1791 eine von seinem Kollegen Déodat de Dolomieu gesammelte Gesteinsprobe «Dolomit» nannte; von dem Gestein, einem dem Kalk

tôt l'attention des naturalistes. La région doit son nom de «Dolomites» au grand géologue genovois (et vainqueur du Mont-Blanc) Horace-Bénédict de Saussure, qui appela «dolomite» les échantillons de roches ramassés par son collègue dauphinois Déodat de Dolomieu. La roche, un calcaire spécial formé de carbonate de chaux associé au carbonate de magnésie (de l'ère secondaire), donna ensuite son nom au massif tout entier. On entreprit de gravir la Marmolada, point

zione dei naturalisti. La regione deve il suo nome di «Dolomiti» al grande geologo ginevrino (e vincitore del Monte Bianco) Horace-Bénédict de Saussure, che chiamò «dolomite» i campioni di roccia raccolti dal suo collega francese Déodat de Dolomieu. La roccia, un calcare speciale formata da carbonato di calcio associato al carbonato di magnesio (dell'era secondaria), diede in seguito il suo nome all'intera regione.
Si tentò di salire la Marmolada fin dal 1802,

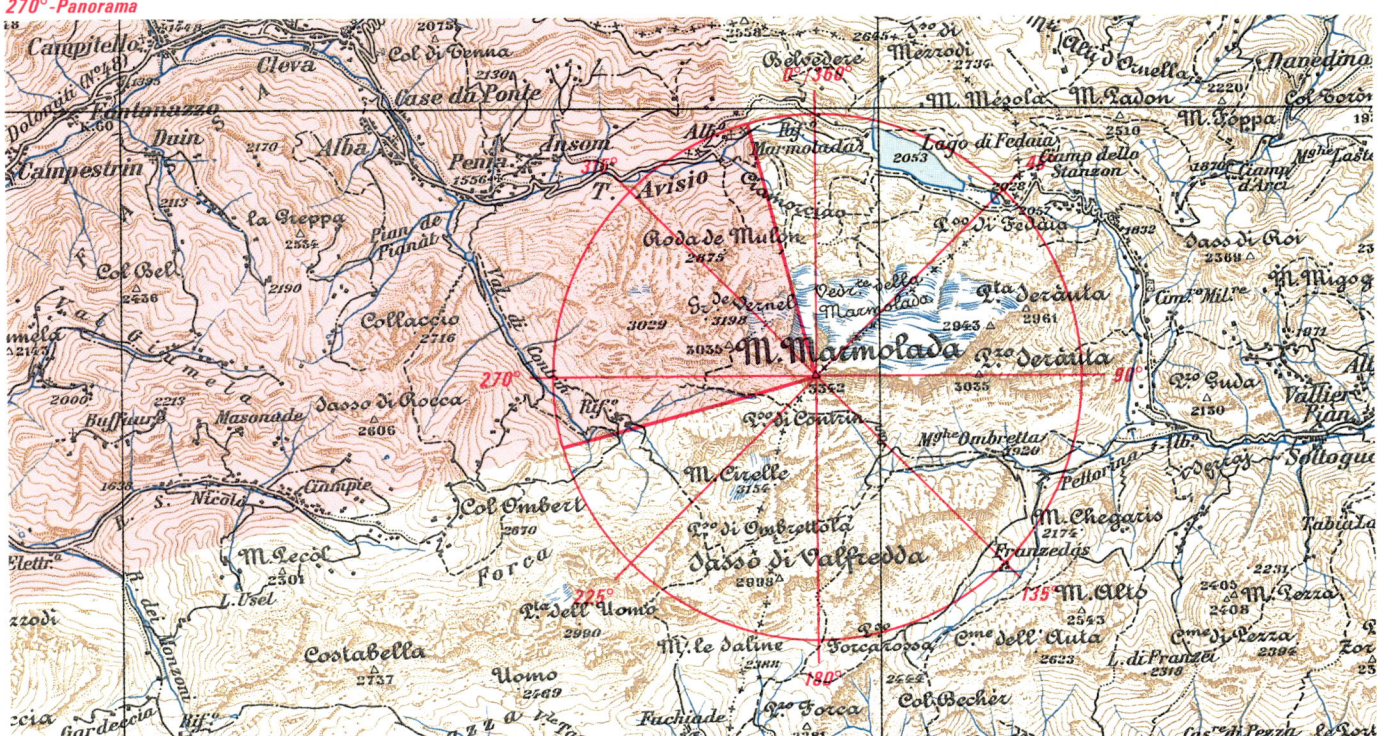

verwandten Kalzium-Magnesium-Karbonat aus der Trias-Zeit des Erdmittelalters, ging der Name dann auf das ganze Gebirge über. Die Marmolata als höchste Erhebung der Dolomiten wurde 1802 erstmals angegangen; erst 1864 indessen war der Hauptgipfel erstiegen, und zwar durch Paul Grohmann aus Wien zusammen mit Angelo und Fulgenzio Dimai aus Cortina d'Ampezzo. Zwischen diesen Alpinismus der alten Schule und die in unserer Zeit geübten Extrem-Klet-

culminant, dès 1802; mais ce n'est qu'en 1864 que fut atteint le sommet principal, par Paul Grohmann de Vienne en compagnie de Angelo et Fulgenzio Dimai de Cortina d'Ampezzo. La première guerre mondiale marqua la séparation entre cet alpinisme de la vieille école et les escalades extrêmes de notre temps. La Marmolada devint l'un des haut lieux du front des Dolomites. Lors des combats défensifs contre les italiens, les autrichiens creusèrent à l'intérieur de ses glaciers

ma la sommità fu raggiunta soltanto nel 1864 da Paul Grohmann di Vienna in compagnia di Angelo e Fulgenzio Dimai di Cortina d'Ampezzo. La prima guerra mondiale segnò la separazione tra quell'alpinismo della vecchia scuola e l'arrampicata estrema dei nostri tempi. La Marmolada divenne uno dei fronti più alti della guerra sulle Dolomiti. Durante i combattimenti gli austriaci scavarono all'interno del ghiacciaio una autentica fortezza, con postazioni di batterie, ricoveri, un

Marmolada/Marmolata
3342 m

◄◄ Zwei Gesichter hat die Marmolata (3342 m ü. M.), die höchste Erhebung der Süd-Tiroler Dolomiten. Auf ihrer Nordflanke ist die Gebirgsgruppe vergletschert und seit der Zwischenkriegszeit zum eigentlichen Skiparadies geworden; die nach Süden gerichteten Felswände fallen mehrere hundert Meter steil ab und sind Tummelplatz der extremen Kletterer.
Freilich braucht man nicht Kopf und Kragen zu riskieren, wenn man das Panorama von der Punta di Penia, der Kulmination des von West nach Ost verlaufenden Massivs, genießen will: Der Anstieg auf der Normalroute über die Nordflanke steht auch Alpinisten ohne extreme Gelüste offen. Ausgangspunkt ist das Schutzhaus am Fedajasee, der sich sowohl vom Fassa- wie vom Cordevoletal aus mit dem Auto erreichen läßt. Übrigens gibt es an der Marmolada eine ganze Reihe weiterer Berghütten.
Der Berg hat auch Skigeschichte schreiben helfen. Bereits am 9. März 1910 erfolgte die erste Winterbesteigung durch Richard Löscher aus Sexten, Offizier der Tiroler Landesschützen. In den dreißiger Jahren kamen dann die Abfahrts- und Riesenslalom-wettbewerbe auf.

La Marmolada (3342 m), point culminant des Dolomites du Sud-Tyrol, présente deux aspects. Le versant nord glaciaire est devenu dans l'entre-deux-guerres un véritable paradis du ski; les parois sud tombent verticalement sur plusieurs centaines de mètres et sont le terrain de jeu des grimpeurs extrêmes.
A dire vrai, on n'a pas besoin de risquer sa vie pour admirer le panorama de la Punta di Penia, l'un des sommets de ce massif qui s'étire d'ouest en est: l'ascension par la voie normale du

versant nord est permise aux alpinistes sans grande ambition. Le point de départ en est le refuge du lac de Fedaja, accessible en voiture tant du val di Fassa que de la vallée de Cordevole. La Marmolada possède un grand nombre d'autres refuges.
Cette montagne a aussi participé à l'histoire du ski. Le 9 mars 1910, Richard Löscher de Sexten, officier de l'armée tyrolienne, réussissait la première ascension hivernale. Puis dans les années trente, apparurent les courses de descente et de slalom géant.

La Marmolada (3342 m), punto culminante delle Dolomiti, presenta due aspetti. Il versante nord glaciale è divenuto, nel periodo tra le due guerre, un autentico paradiso dello sci; le pareti meridionali piombano verticalmente per svariate centinaia di metri e sono il terreno di gioco degli arrampicatori estremi.
A dire il vero, non occorre assolutamente rischiare la vita per ammirare il panorama dalla Punta di Penia, una delle cime di quel gruppo che si stende da ovest ad est: l'ascensione per la via normale è permessa anche ad alpinisti senza grandi ambizioni. Punto di partenza è il rifugio del lago di Fedaja, accessibile in auto tanto dalla Val di Fassa quanto da quella di Cordevole. Sulla Marmolada esistono parecchi altri rifugi.
La montagna è anche partecipe della storia dello sci. Il 9 marzo 1910, Richard Löscher di Sesto, ufficiale dell'esercito tirolese, sarebbe riuscito a compiere la prima salita invernale. Poi, negli anni trenta, apparvero le gare di discesa e di slalom gigante.

Der Lago di Misurina, ein stiller Dolomitensee, mit Sorapis (3205 m ü. M.).

Lac de Misurina, paisible plan d'eau de la région des Dolomites et Pizzo Sorapis (3205 m).

Il placido lago di Misurina nelle Dolomiti col Sorapis (3205 m s.l.m.).

tereien schob sich der Erste Weltkrieg. Er machte die Marmolata zu einem Stützpfeiler der Dolomitenfront. Im Abwehrkampf gegen die Italiener bauten die Österreicher im Innern des Marmolata-Gletschers eine regelrechte Eisfestung, komplett mit Stellungen, Unterkünften, einem kleinen Spital und sogar einem Kaffeehaus. Nach Kriegsende 1918 kam die Marmolata an Italien und hieß fortan offiziell Marmolada. Nun setzte der Ansturm auf die bisher für unbezwingbar gehaltenen senkrechten Zinnen und glatten Felswände der nach Süden exponierten Bergflanke ein. Bald sprach es sich herum, daß hier die härtesten Nüsse des extremen Alpinismus in den Dolomiten, ja auf der Erde überhaupt zu knacken seien. Und wenig später, noch vor Ausbruch des Zweiten Weltkriegs, wurde die «Königin der Dolomiten» von den Skifahrern entdeckt, welche fortan ihre sausenden Abfahrten über die gletscherbedeckte Nordseite der Marmolata wagten.

une véritable forteresse de glace, avec des positions de batteries, des abris, un petit hôpital et même un café.
A la fin de la guerre, la Marmolata devint italienne et s'appela désormais officiellement Marmolada. On s'attaqua dès lors aux piliers verticaux du versant sud, réputés inaccessibles. Bientôt, le bruit courut que l'on trouvait ici les itinéraires les plus difficiles des Dolomites, et même du monde. Et peu après, avant même la deuxième guerre mondiale, les skieurs découvrirent la «Reine des Dolomites». Ils continuent aujourd'hui à pratiquer leur sport favori sur le glacier du versant nord.

piccolo ospedale e addirittura un caffè. Alla fine della guerra la Marmolata divenne italiana e si chiamò ufficialmente Marmolada. Gli alpinisti attaccarono i piloni verticali del versante sud, prima ritenuti inaccessibili. Ben presto si sparse la voce che quelli erano gli itinerari più difficili delle Dolomiti, forse del mondo intero. Pochi anni dopo, prima dello scoppio della seconda guerra mondiale, anche gli sciatori scoprirono la «Regina delle Dolomiti». Essi oggi continuano a praticare il loro sport favorito sui pendii ghiacciati del versante nord.

Der Gipfel der Zugspitze ▶
(2963 m ü. M.), Deutschlands
höchster Berg. Zwei Länder,
die Bundesrepublik und Österreich, teilen sich hier in einen
der höchstgelegenen Grenz-
übergänge Europas.

La Zugspitze (2963 m) constitue le point culminant du territoire allemand. Deux pays: Autriche et Allemagne Fédérale se
partagent l'un des passages
frontaliers les plus élevés du
continent européen.

La cima della Zugspitze
(2963 m s.l.m.), la vetta più
alta della Germania. Tra Germania e Austria troviamo qui
uno dei più alti passaggi doga-
nali dell'Europa.

◀ Fremdenverkehrsort Cortina
d'Ampezzo mit der Punta Nera
(2846 m ü. M.).

Cortina d'Ampezzo, station ré-
putée de villégiature, et Punta
Nera (2846 m).

Il centro turistico di Cortina
d'Ampezzo con la Punta Nera
(2846 m s.l.m.).

◀◀ Typische Dolomitenlandschaft
mit der Punta di Zonia, vom
Passo di Giau (2230 m ü. M.)
aus gesehen.

Paysage typique de la région
des Dolomites et Punta di Zonia, vus depuis le Passo di Giau
(2230 m).

Un tipico paesaggio dolomiti-
co con la Punta di Zonia, vista
dal passo di Giau (2230 m
s.l.m.).

ZUGSPITZE

Fast ritzt Deutschlands höchster Gipfel
die Dreitausender-Marke.

Le plus haut sommet d'Allemagne effleure
la barre des 3000.

In Germania la montagna più alta sfiora la
quota di 3000 metri.

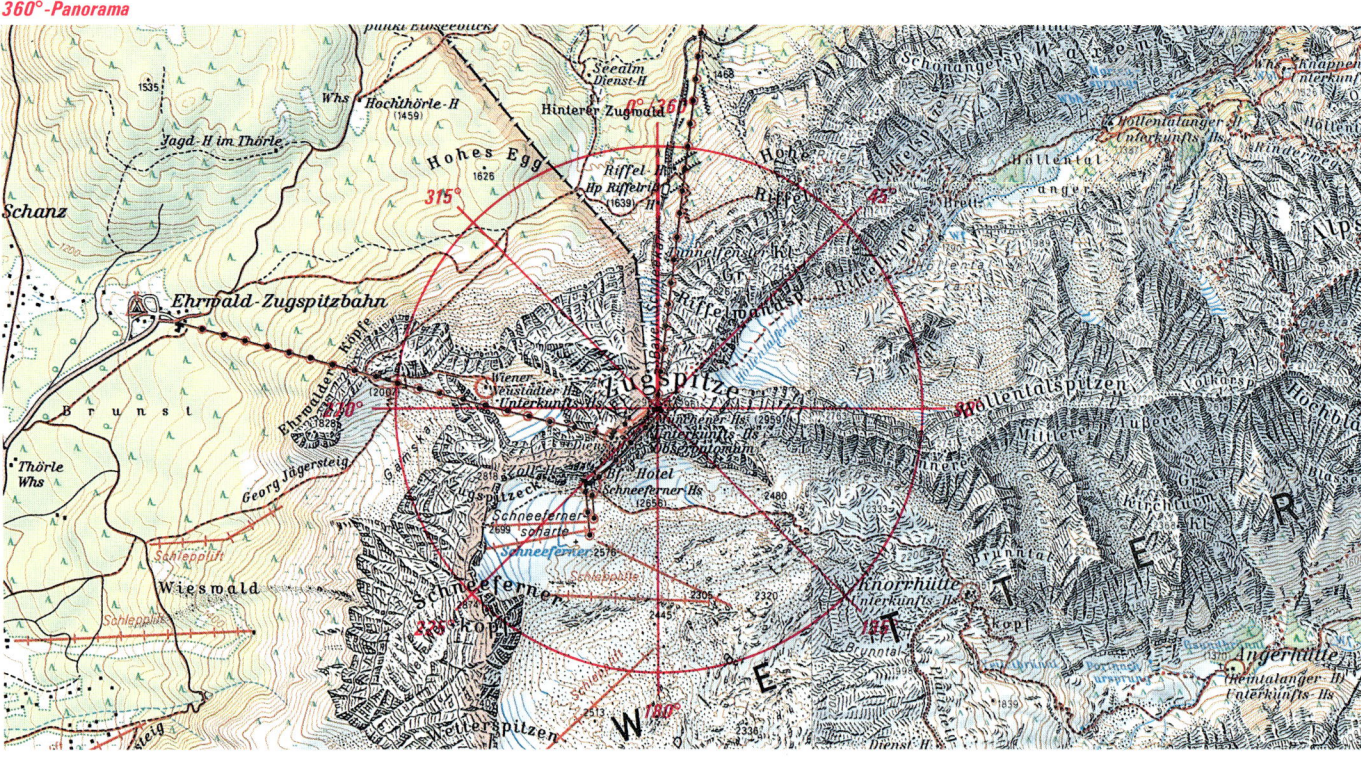

Eine halbe Million Menschen steht jedes Jahr auf der Zugspitze. Warum wohl dieser Großandrang? Zum einen sicher deshalb, weil die Zugspitze mit ihren 2963 m ü. M. der höchste Berg Deutschlands ist: eine milde und daher entschuldbare Form von Rekordsucht also. Zum zweiten wird der Genzberg – die Deutschen müssen ihren Rekordberg nämlich mit den Österreichern teilen – derart häufig besucht, weil mehrere Bahnen hinaufführen. Freilich soll es noch immer einige

Unentwegte geben, die den Aufstieg auf Schusters Rappen wagen.
Nicht die zahlreichen Züge der Bergbahnen haben allerdings der Zugspitze ihren Namen gegeben, sondern die Lawinenrunsen am Nordhang des Berges, im Volksmund «Züge» genannt. Erstmals erwähnt findet sich diese Bezeichnung bereits 1590. Bis zur Erstbesteigung verstrichen aber dann noch einige Jahrhunderte: Ein Vermessungsauftrag führte am 27. August 1820 den Leutnant

Un demi-million de personnes passe chaque année sur la Zugspitze. Pourquoi cette foule? D'une part, très certainement parce que la Zugspitze est, avec ses 2963 m, le point culminant de l'Allemagne: c'est donc une forme atténuée et excusable de manie du record. D'autre part, si cette montagne-frontière (les allemands doivent partager leur montagne à records avec les autrichiens) reçoit tant de visiteurs, c'est que plusieurs téléphériques les y transportent. Certains pourtant s'entê-

teraient encore à user leurs semelles sur les chemins du sommet...
L'appellation de Zugspitze apparaît pour la première fois en 1590. Mais quelques siècles s'écoulent avant la première ascension: une mission topographique conduit le 27 août 1820 le lieutenant Karl Naus avec deux aides sur le sommet de la chaîne du Wetterstein, au sud de Garmisch-Partenkirchen. Ces deux anciens villages bavarois sont devenus depuis une grande station des Alpes, avec

Mezzo milione di persone passano ogni anno sulla Zugspitze. Perché tanta folla? Una ragione è che, con i suoi 2963 metri, la Zugspitze è il punto culminante della Germania: è dunque una forma leggera e scusabile della mania del record. Un'altro motivo dell'affollamento di quella montagna posta sulla frontiera che i tedeschi dividono con gli austriaci, consiste nella quantità di impianti di risalita che vi conducono... Alcuni comunque si intestardiscono nel consumare le

loro suole sul sentiero che porta in cima.
L'appellativo di Zugspitze appare per la prima volta nel 1590. Ma alcuni secoli scorrono prima dell'ascensione: una missione topografica conduce, il 27 agosto 1820, il tenente Karl Naus ed i suoi aiutanti sulla vetta della catena di Wetterstein, a sud di Garmisch-Partenkirchen. Quei due villaggi bavaresi sono poi diventati una grande stazione alpina, con 30 000 abitanti e più di 10 000 posti letto.

Kürzlich noch bestand der Gipfel der Zugspitze (2963 m ü. M.) aus hartem Wettersteinkalk. Vor 200 Jahrmillionen war dieses griffige Klettergestein am Grunde eines Ozeans des Erdmittelalters (Trias) abgelagert worden. Heute krönen Betonbauten burgenartig Deutschlands höchsten Berg, und vom Wettersteinkalk ist auf dem Kulminationspunkt selber nicht mehr viel zu sehen. Bauten und Bahnen sind an schönen Tagen mit 5000 Besuchern voll ausgelastet. Nun ja, Bergeinsamkeit ist nicht immer jedermanns Sache, und die Zugspitze gehört eben zum touristischen Pflichtprogramm der Alpen Oberbayerns. Schade bloß, daß die 3000-Meter-Marke nicht ganz erreicht wird ... oder besser gesagt: nicht mehr ganz erreicht wird. Denn in geologischer Vergangenheit war die Zugspitze sicher ein stolzer Dreitausender. Inzwischen haben Wind und Wetter ein gutes Stück Gebirge abgetragen. Und wenn wir schon von Gipfelhöhen reden: Der höchste ganz auf deutschem Boden liegende Berg ist der Watzmann bei Berchtesgaden mit 2713 m ü. M.
Trotz intensiver touristischer Nutzung wird die Zugspitze von Luis Trenker zu den «schönsten Bergen der Alpen» gerechnet. Trenker kann diese Ansicht auch begründen. Einmal wirkt die gewaltige Mauer aus hellem Kalk sehr eindrücklich, vor allem von Westen (Talkessel von Ehrwald) und von Norden (Eibsee) her. Und zum anderen ist das Gipfelpanorama schlichtweg überwältigend. Unsere Bilder beweisen mehr als viele Worte, daß auch «Zweitausender» umfassende Rundsichten bieten können.

Il y a peu, on trouvait encore au sommet de la Zugspitze (2963 m) le dur calcaire de Wetterstein. Cette roche très appréciée en escalade se déposa au fond des océans pendant le trias. De nos jours, le point culminant d'Allemagne est couronné de bâtisses de béton et l'on ne peut plus guère y découvrir la belle roche calcaire.
Par beau temps, avec cinq mille touristes, les bâtiments et téléphériques sont totalement saturés. Mais la solitude en montagne n'est pas le but de monsieur tout-le-monde, et la Zugspitze fait partie du programme touristique obligatoire des Alpes bavaroises. Il est seulement dommage que l'on n'y atteigne pas la barre des 3000... ou plutôt qu'on ne l'atteigne plus tout-à-fait. Car dans un lointain passé géologique, la Zugspitze était certainement un fier 3000. Entretemps, le vent et les intempéries ont emporté un bon morceau de la montagne. Et puisque nous parlons d'altitude: la montagne la plus élevée qui soit totalement sur le sol allemand est le Watzmann (2713 m) près de Berchtesgaden.

Malgré une intensive exploitation touristique, la Zugspitze est considérée par Luis Trenker comme une des plus belles montagnes des Alpes. Il justifie ainsi son point de vue: D'une part, la puissante muraille de calcaire blanc reste très impressionnante, surtout vue de l'ouest (dépression de Ehrwald) et du nord (Eibsee). D'autre part, le sommet est un belvédère remarquable. Nos photos valent mieux que des paroles, et prouvent elles aussi que même des «2000» peuvent offrir un splendide panorama.

Fino a qualche anno fa, sulla cima della Zugspitze (2963 m), si trovava ancora il duro calcare del Wetterstein. Quella roccia molto gradita agli arrampicatori si depositò sul fondo degli oceani durante il trias. Oggi, la cima culminante della Germania è coronata da edifici in cemento che hanno del tutto ricoperto la sua bella roccia calcarea.
Con il tempo sereno e i consueti cinquemila turisti quotidiani, gli edifici e le teleferiche vengono completamente saturati. Ma la solitudine dei monti non è un fine per i moderni giramondo e la Zugspitze rientra nei programmi turistici delle Alpi Bavaresi. Il solo rincrescimento delle masse è che la Zugspitze non raggiunga i 3000 metri ... o piuttosto ch'essa non li raggiunga più, perché in un lontano passato geologico era un fiero 3000. Nel frattempo, il vento e le intemperie hanno asportato un bel pezzo di montagna. E già che stiamo parlando di quote: la montagna più alta che sorga totalmente sul suolo germanico è il Watzmann (2713 m), vicino a Berchtesgaden.
Malgrado l'intenso sfruttamento turistico, la Zugspitze è considerata da Luis Trenker una delle più belle montagne delle Alpi. Egli motiva il suo giudizio affermando che la possente muraglia di calcare bianco è molto impressionante, sia vista dalla depressione di Ehrwald (da occidente) che dal Eibsee (nord). Inoltre la cima rappresenta un punto panoramico assai superbo. Le nostre fotografie sono certo più espressive di tante parole e provano che anche dei modesti «2000» possono offrire dei magnifici colpi d'occhio.

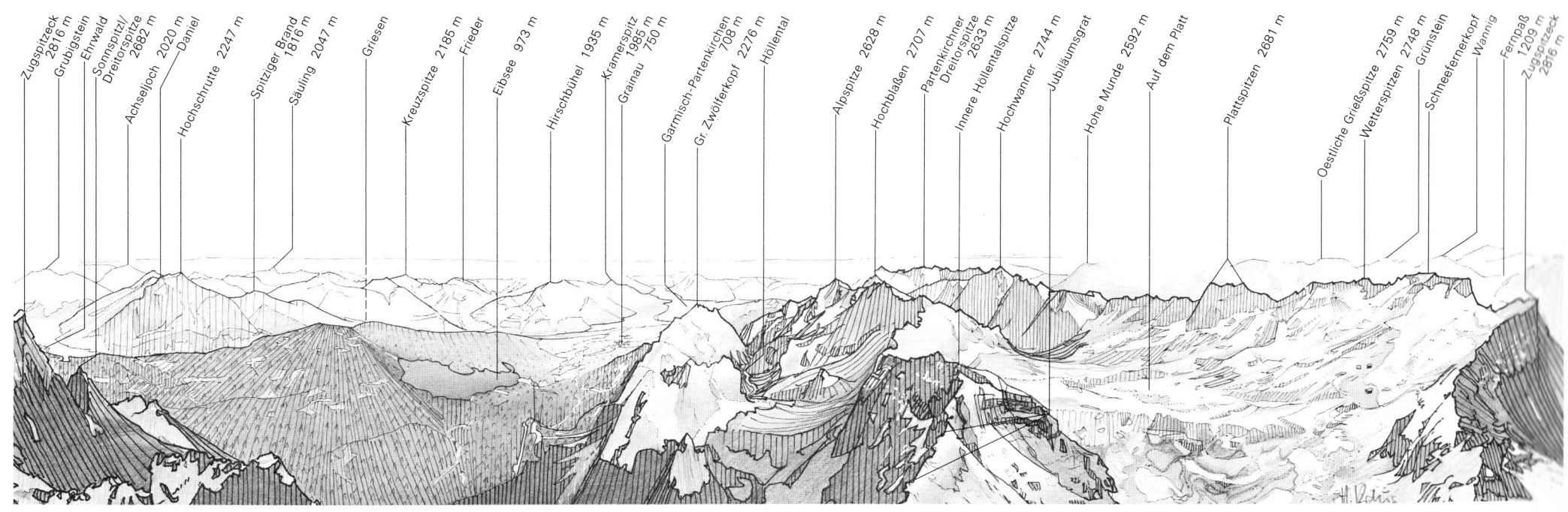

Zugspitzeck 2816 m · Grubgstein · Ehrwald · Sonnspitze/Dreitorspitze 2682 m · Achseljoch 2020 m · Daniel · Hochschrutte 2247 m · Spitziger Brand 1816 m · Säuling 2047 m · Griesen · Kreuzspitze 2185 m · Frieder · Elbsee 973 m · Hirschbühel 1935 m · Kramerspitz 1985 m · Grainau 750 m · Garmisch-Partenkirchen 708 m · Gr. Zwölferkopf 2276 m · Höllental · Alpspitze 2628 m · Hochblaßen 2707 m · Partenkirchner Dreitorspitze 2633 m · Innere Höllentalspitze · Hochwanner 2744 m · Jubiläumsgrat · Hohe Munde 2592 m · Auf dem Platt · Plattspitzen 2681 m · Oestliche Grießspitze 2759 m · Wetterspitzen 2748 m · Grünstein · Schneefernerkopf · Wannig · Fernpaß 1209 m · Zugspitzeck 2816 m

Karl Naus mit zwei Gehilfen auf den dominierenden Gipfel der Wetterstein-Gebirgsgruppe im Süden von Garmisch-Partenkirchen (die damaligen bayerischen Bauerndörfer Garmisch und Partenkirchen sind seither zur alpinen Stadtsiedlung mit 30 000 Einwohnern und über 10 000 Gästebetten zusammengewachsen).

Es dauerte seine Zeit, bis die Zugspitze sich zum touristischen Rummelplatz entwickelte. Offenbar betrachteten viele Alpinisten den höchsten Berg Deutschlands als eine Art Nationalheiligtum, und selbst die Errichtung von Schutzhütten stieß auf Opposition. So führte 1897 der Bau des Münchener Hauses auf dem Westgipfel zu einer Spaltung der Sektion München des Deutschen Alpenvereins (DAV). Bereits 1884 hatte der Österreichische Touristenklub die Wiener-Neustädter-Hütte in Betrieb genommen. Bergsteiger-Widerstand gab's später auch gegen die Erschließung durch Bergbahnen. Während die Bayern die geplante Zugspitzbahn noch eine Weile verhindern konnten, machten die Tiroler das Rennen und nahmen 1926 ihre erste Seilschwebebahn in Betrieb. Vier Jahre zuvor war – eine Sensation – ein Flugzeug auf dem Zugspitzplatt gelandet, einem ausgedehnten Karrenfeld.

Obwohl die Zugspitze durch den Bahnbau ihre alpinistische Unschuld verloren hat, ist sie ein Kletterberg geblieben. Technisch lohnend (Schwierigkeitsgrad IV) und land-

30 000 habitants et plus de dix mille lits. Du temps passa avant que la Zugspitze devînt ce lieu touristique bruyant. Visiblement, beaucoup d'alpinistes considéraient la montagne la plus élevée d'Allemagne comme une sorte de sanctuaire national, sur lequel on ne devait même pas bâtir de refuge. Et la construction en 1897 de la Maison de Munich sur le sommet ouest conduisit à une scission de la section munichoise du Club Alpin Allemand. Dès 1884, le Touristenclub autrichien avait ouvert le refuge de Wiener Neustadt. Les alpinistes marquèrent également plus tard leur opposition à la mise en service des remontées mécaniques. Tandis que les bavarois réussissaient à retarder quelque peu une installation prévue sur la Zugspitze, les tyroliens faisaient la course et ouvraient en 1926 leur premier téléphérique. Quatre années auparavant, un avion avait fait sensation en atterrissant sur le replat du sommet, grand comme un mouchoir de poche!

Bien que la construction de remontées mécaniques lui ait fait perdre sa virginité, la Zugspitze est restée un haut lieu de l'escalade. La traversée de l'arête nord vaut la peine d'être faite tant pour le côté technique (degré de difficulté: IV) que pour le caractère grandiose de son paysage; cette voie fut ouverte en 1906 par le baron von Hertling et Hans Pfann.

Passò del tempo però, prima che la Zugspitze si trasformasse in un frequentato luogo di villeggiatura. Evidentemente, molti alpinisti consideravano la montagna più alta del loro paese una specie di santuario nazionale, sul quale non si doveva erigere nulla, nemmeno un rifugio. La costruzione, avvenuta nel 1897, della Casa di Monaco sulla cima ovest portò infatti ad una scissione tra gli alpinisti bavaresi. Nel 1884, il Touristen-Club austriaco aveva inaugurato, sul proprio versante, il rifugio di Wiener Neustadt. I più puri tra gli amanti della montagna manifestarono più tardi la loro opposizione alla posa in servizio delle risalite meccaniche. Cosicché i bavaresi riuscirono a ritardare non poco un'installazione prevista sulla Zugspitze, mentre i tirolesi, più spregiudicati, aprivano già nel 1926 la loro prima teleferica. Quattro anni prima, un aeroplano aveva destato sensazione atterrando sul pianoro sommitale, grande poco più di un fazzoletto.

Sebbene la costruzione delle risalite meccaniche abbia privato la Zugspitze della sua verginità, quella vetta è ancora uno dei luoghi eletti dell'alpinismo. La traversata della parete nord vale la pena d'essere fatta tanto per le sue componenti tecniche (difficoltà di IV grado), quanto per il carattere grandioso del paesaggio. Quella via fu aperta nel 1906 dal barone von Hertling con Hans Pfann.

Die Zugspitze gehört zu den meistbesuchten Ausflugszielen der Ostalpen. Über Bergeinsamkeit braucht sich hier niemand zu beklagen.

La Zugspitze est l'un des buts d'excursions les plus fréquentés des Alpes orientales. Personne ne se plaindra de souffrir de solitude alpestre!

La Zugspitze è una delle mete più frequentate delle Alpi Orientali. Quì non si può lamentare nessuno della solitudine.

schaftlich großartig ist eine Überkletterung des Nordgrates; diese Route wurde 1906 erstmals durch Freiherr von Hertling und Hans Pfann begangen.

Der Blindsee in Österreich mit ▶ Zugspitze (2963 m ü. M., Mitte) und Marienbergspitzen (2561 m ü. M., rechts).

Le Blindsee, lac autrichien, la Zugspitze (2963 m, au centre) et les Marienbergspitzen (2561 m, à droite).

Il Blindsee in Austria. Nel centro la Zugspitze (2963 m s.l.m.), a destra le Marienbergspitzen (2561 m s.l.m.).

Weilheim

Schongau

Peißenberg

Staffelsee

Forggensee

Garmisch-Partenkirchen

Mittenwald

Zugspitze
2963 m

Telfs

Imst

Zwei Ostalpen-Rekorde auf ▶
einen Blick: Der Großglockner
mit seinen 3798 m ü. M. ist
Österreichs höchster Berg, die
Pasterze Österreichs größter
Gletscher.

Deux records en même temps:
haut de 3798 m, le Gross-
glockner est le plus haut sommet et le glacier de la Pasterze
le plus grand des Alpes autri-
chiennes.

Due record delle Alpi Orientali
in un sol colpo d'occio. Il
Grossglockner con i suoi
3798 m è la montagna più
alta dell'Austria e il Pasterze è il più
grande ghiacciaio.

◀ Der Eibsee, ein Juwel Oberbayerns, mit der Zugspitz-
Nordwand.

Le Eibsee, joyau de la Haute
Bavière, et paroi nord de la
Zugspitze.

Il Eibsee, un gioiello dell'Alta
Baviera, colla parete nord della
Zugspitze.

◀◀ Auf Flughöhe 2900 m nahe
des Zugspitz-Gipfels blicken
wir in südöstlicher Richtung
gegen die Höllentalspitzen.

A 2900 mètres d'altitude, tout
près de la cime de la Zugspitze,
panorama, en direction du
sud-est, sur les Höllentalspitzen.

Da un'altezza di 2900 m nelle
vicinanze della Zugspitze, lo
sguardo vaga in direzione sud-
est verso le Höllentalspitzen.

GROSSGLOCKNER

Österreichs höchster Gipfel gilt zugleich
als schönster Berg der Ostalpen.

La plus haute montagne d'Autriche et
le plus beau sommet des Alpes orientales.

La montagna più alta dell'Austria e la più
bella cima delle Alpi Orientali.

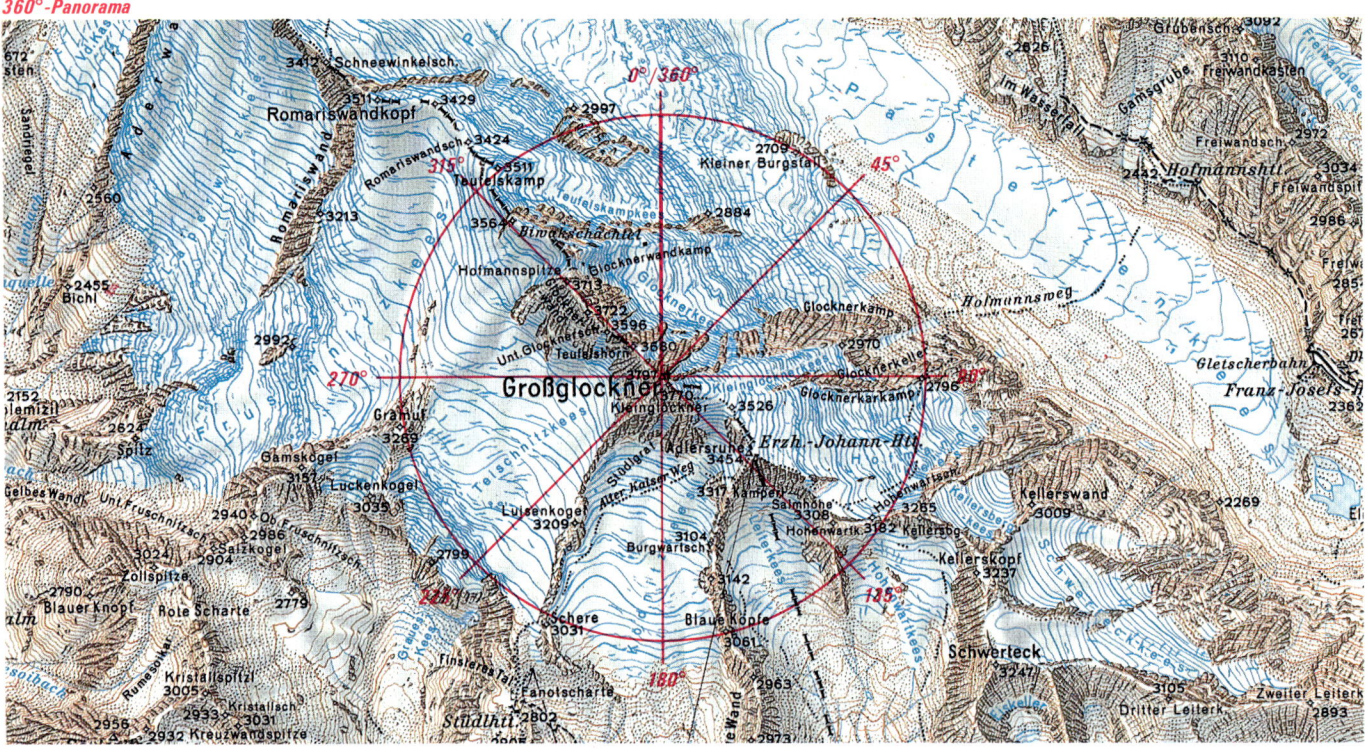

Auch Gesteine können, wenn man ihnen genügend Zeit einräumt, eine steile Karriere machen. Was als grüner Schiefer die Gipfelpartie des Großglockners in den Hohen Tauern aufbaut, entstand vor rund 100 Jahrmillionen, als in der damaligen Tiefsee glutflüssige Lava erstarrte. Vom dunklen Meeresgrund zum lichtumfluteten Kulminationspunkt Österreichs: Mit seinen 3798 m ü. M. ist der Großglockner unbestrittener König dieser Alpenrepublik.

Im letzten Jahrhundert hieß er noch kurz Glockner – und war schon damals Ziel hochfliegender Pläne. Eine Glockner-Bahn wollte man bauen, doch daraus ist nichts geworden. Dafür errichtete man später, nicht zuletzt aus Gründen der Arbeitsbeschaffung in den Krisenjahren 1930–1935, die Großglockner-Hochalpenstraße. Sie erklimmt fast 2600 m ü. M. und erlaubt prächtige Ausblicke auf die vergletscherte Gebirgsgruppe am Dreiländereck Osttirol/Salzburg/Kärn-

Le schiste vert du Grossglockner dans la chaîne des Hohe Tauern est apparu il y a quelque cent million d'années, lorsque la lave en fusion se solidifia au fond des mers. Le sombre sol marin devint sommet inondé de lumière et point culminant de l'Autriche: avec ses 3798 m, le Grossglockner est le roi incontesté de cette république des Alpes.
Au siècle dernier, il ne s'appelait encore que Glockner et était l'enjeu de projets ambitieux. On voulait y construire une voie ferrée, mais

elle ne fut pas réalisée. Plus tard par contre, en grande partie pour lutter contre le chômage dans les années de crise 1930 à 1935, on entreprit la construction de la haute route alpestre du Grossglockner. Elle grimpe presque jusqu'à 2600 mètres et offre de merveilleux points-de-vue sur les géants glaciaires du massif.
Une route annexe conduit à la Franz-Josefs-Höhe, située à quelques kilomètres au nord-ouest du village de Heiligenblut. Quand, de

Lo scisto verde del Grossglockner, nella catena degli Alti Tauri, è apparso alcuni milioni di anni or sono, quando la lava si solidificò sul fondo marino. Quei cupi fondali divennero una cima inondata di sole e il punto culminante dell'Austria: con i suoi 3798 metri, il Grossglockner è il re incontrastato di quella repubblica alpina.
Nel secolo scorso era chiamato semplicemente Glockner e fu al centro di un progetto ambizioso. Volevano costruirvi una strada

ferrata, ma il progetto non fu realizzato. Tempo dopo invece, in gran parte per combattere la disoccupazione negli anni della crisi tra il 1930 e il 1935, fu intrapresa la costruzione dell'alta via del Grossglockner. Essa sale fin quasi ai 2600 metri ed offre dei meravigliosi punti di vista sui giganti glaciali del massiccio.
Una strada annessa conduce alla Franz-Josefs-Höhe, qualche chilometro a nord-ovest del villaggio di Heiligenblut. Quando,

Für die Alpinisten ist der 3798 m hohe Großglockner deshalb besonders attraktiv, weil er praktisch alle bergsportlichen Tätigkeiten erlaubt: Klettern in Fels und Eis, das Bezwingen von Couloirs, Kanten, Pfeilern, Wänden und Graten … und sogar Skifahren. Freilich sollte man schon sicher auf den Brettern stehen, denn es gilt ein Gefälle von 50 Grad und mehr zu meistern. Gemächlicher geht's mit dem Drachenflieger (Deltasegler) vom Gipfel nach Heiligenblut – ein majestätisches Schweben über der von acht Gletschern geprägten Hochgebirgswelt.
Eine Perle der Großglocknergruppe ist die Pasterze: kein Gipfel, sondern der mit 20 km² größte Gletscher der Ostalpen. Der Name Pasterze stammt aus dem Slawischen und bedeutet soviel wie «kleine Weide». Offenbar wurde die Umgebung des Eisstromes früher von Hirten aus Slowenien alpwirtschaftlich genutzt. Heute indessen steht der Tourismus im Vordergrund; die zwischen Juni und Oktober geöffnete Großglockner-Hochalpenstraße bringt jährlich Hunderttausende von Besuchern in den Naturpark «Hohe Tauern» mit seiner alpinen Tier- und Pflanzenwelt.
Selbst wer keinen der kühnen Dreitausender bezwingen will – allein auf den Großglockner führen 16 Routen verschiedenster Schwierigkeitsgrade –, kann das Hochgebirge hautnah erleben: Der Gletscherweg Pasterze ab Glocknerhaus ist für jeden Bergwanderer in drei Stunden problemlos zu bewältigen.

Les alpinistes apprécient particulièrement le Grossglockner (3798 m) car il permet pratiquement tous les sports de montagne: escalade glaciaire ou rocheuse, ascension de couloirs, de crêtes, de piliers, de parois et d'arêtes… et même pratique du ski. Il est certain qu'il faut être assez sûr à ski pour descendre sans problème des pentes de 50° et plus. Plus lente est la descente en deltaplane vers Heiligenblut avec le survol majestueux des huit glaciers qui s'étalent sur cet univers de hautes montagnes.
L'attraction du massif est le Pasterze, non un sommet, mais le plus grand glacier des Alpes Orientales, avec ses 20 kilomètres carrés. Le nom de «Pasterze» est d'origine slave et signifie «petit pâturage». Visiblement des bergers de Slovénie faisaient paître à l'époque leurs troupeaux dans les environs du fleuve de glace. Aujourd'hui par contre, le tourisme occupe la première place; la haute route alpestre du Grossglockner, ouverte de juin à octobre, amène chaque année des centaines de milliers de visiteurs qui viennent admirer la faune et la flore alpine du Parc Naturel des «Hohe Tauern».
Même celui qui ne veut vaincre aucun de ces fiers 3000 – sur le seul Grossglockner, on trouve seize voies de diverses difficul-

tés – peut atteindre le domaine de la haute montagne: au départ du Glocknerhaus, tout randonneur peut parcourir sans problème en trois heures le chemin du Pasterze.

Gli alpinisti apprezzano particolarmente il Grossglockner (3798 m), perché esso consente loro di praticare tutte le attività legate alla montagna: scalate su ghiaccio e su roccia, ascensioni di canaloni, creste, piloni, di pareti e crinali… e anche gli sport sciistici. È certo che bisogna essere padroni della tecnica e dei propri attrezzi per scendere senza troppi problemi su pendenze di 50° e oltre. Più lenta è invece la discesa in deltaplano, con il sorvolo maestoso degli otto ghiacciai che biancheggiano in quell'universo di alte montagne.
L'attrattiva del massiccio è il Pasterze, che non è una cima ma il maggior ghiacciaio delle Alpi Orientali. Il nome «Pasterze» è di origine slava e significa «piccolo pascolo». Probabilmente dei pastori sloveni facevano un tempo pascolare i loro armenti nei pressi della fiumana glaciale. Oggi invece è il turismo ad occupare quei siti; l'alta via alpestre del Grossglockner, aperta da giugno ad ottobre, porta ogni anno centinaia di migliaia di visitatori ad ammirare la fauna e la flora del Parco Nazionale degli Alti Tauri.
Anche coloro i quali non desiderano vincere alcuno di quei fieri 3000 (sul solo Grossglockner esistono sedici vie di diversa difficoltà), possono raggiungere il regno dell'alta montagna: partendo dalla Glocknerhaus, ogni gitante può percorrere senza problemi, in tre ore, il cammino verso il Pasterze.

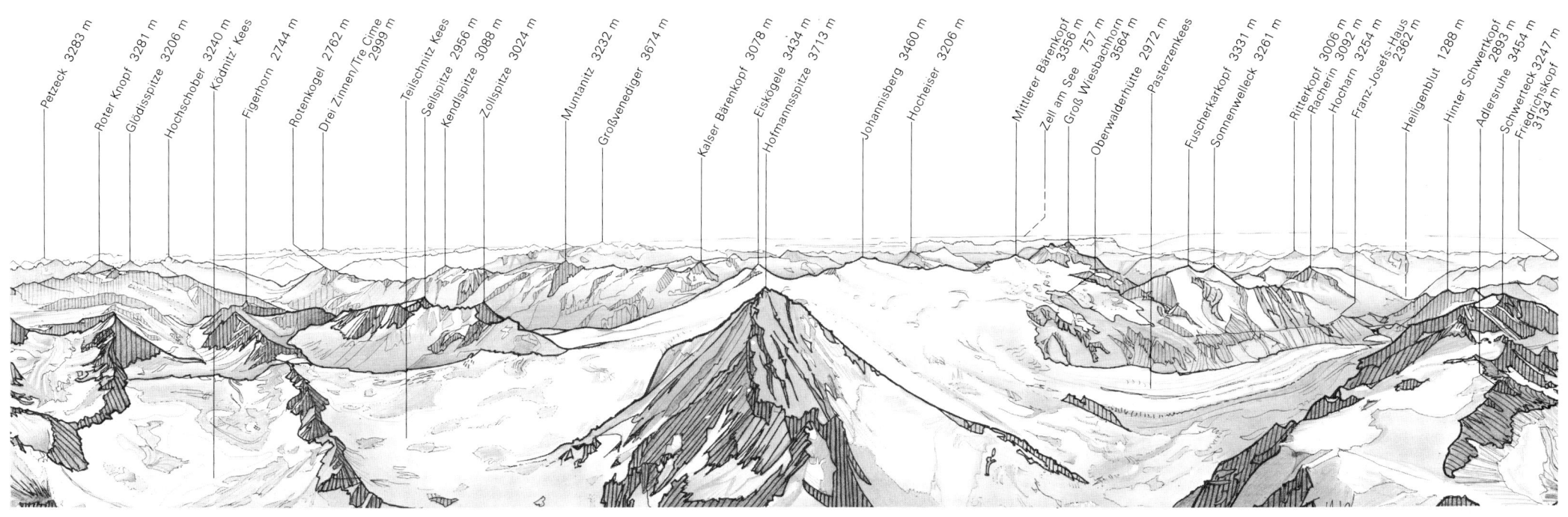

Petzeck 3283 m
Roter Knopf 3281 m
Glödissspitze 3206 m
Hochschober 3240 m
Ködnitz' Kees
Figerhorn 2744 m
Rotenkogel 2762 m
Drei Zinnen/Tre Cime 2999 m
Teilschnitz Kees
Seilspitze 2956 m
Kendlspitze 3088 m
Zollispitze 3024 m
Muntanitz 3232 m
Großvenediger 3674 m
Kaiser Bärenkopf 3078 m
Eiskögele 3434 m
Hofmannsspitze 3713 m
Johannisberg 3460 m
Hocheiser 3206 m
Mittlerer Bärenkopf 3356 m
Zell am See 757 m
Groß Wiesbachhorn 3664 m
Oberwalderhütte 2972 m
Pasterzenkees
Fuschetkarkopf 3331 m
Sonnenwelleck 3261 m
Ritterkopf 3006 m
Racherin 3092 m
Hocharn 3254 m
Franz-Josefs-Haus 2362 m
Heiligenblut 1288 m
Hinter Schwertkopf
Adlersruhe 3454 m
Schwerteck 3247 m
Friedrichskopf 3134 m

ten. Eine Abzweigung der Hochalpenstraße führt zur Franz-Josefs-Höhe, wenige Kilometer nordwestlich der Ortschaft Heiligenblut gelegen. Wer hier steht und die markante Gestalt des Großglockners ins Auge faßt, wie sie sich fast tausend Meter in die Höhe schwingt, muß dem Urteil von Fachleuten zustimmen: Österreichs höchster Gipfel darf zugleich als schönster Berg der Ostalpen gelten.
Die Erstbesteigung fällt auf ein rundes Jahr:

Am 28. Juli 1800 erreichten Martin und Sepp Klotz sowie zwei Zimmerleute aus Heiligenblut in Begleitung des Pfarrers Horasch von Döllach die Spitze des Großglockners. Die Tour, wie sie heute an schönen Sommertagen von Hunderten unternommen wird, war damals eine Pioniertat – um so eher, als die wackeren Männer schwere Holzbalken zum Aufrichten eines Gipfelkreuzes mitschleppten. Zum Andenken an diese erste alpinistische Meisterleistung in den Ostal-

pen wurde später eine Gedenkmünze mit dem Bild des Berges geprägt.
Schon nach zwei Jahren beschädigte der Blitz das erste Gipfelkreuz, und bald fegten Sturmwinde die Reste der hölzernen Konstruktion in den Abgrund. Als Ersatz wurde im Sommer 1880 ein 3 m hohes Eisenkreuz montiert. Zuvor war es in Wien mehrere Tage lang öffentlich ausgestellt. Sogar der Kaiser nahm das ausgestellte Gipfelkreuz persönlich in Augenschein und äußerte sich «voll

là, on contemple la masse imposante du Grossglockner, haute de près de mille mètres, on ne peut qu'être d'accord avec le jugement des spécialistes: le sommet le plus élevé d'Autriche est aussi la plus belle montagne des Alpes Orientales.
La première ascension en fut faite à un début de siècle: le 28 juillet 1800 Martin et Sepp Klotz ainsi que deux charpentiers de Heiligenblut atteignirent la cime du Grossglockner, en compagnie du curé Horasch de Döl-

lach. La course, telle que des centaines de gens la font aujourd'hui par beau temps, fut à l'époque une difficile entreprise – d'autant que ces hommes vaillants transportaient de lourdes poutres en bois dans l'intention d'ériger une croix au sommet. En souvenir de ce premier exploit des Alpes Orientales, on frappa quelques temps après une médaille commémorative représentant la montagne.
Deux ans plus tard, un éclair endommageait déjà cette croix puis très vite les tempêtes de

vent projetaient dans l'abîme ses vestiges. A sa place on dressa pendant l'été 1880 une croix de fer de trois mètres de haut. Elle avait été auparavant exposée plusieurs jours publiquement à Vienne. L'empereur lui-même l'examina et approuva «la simplicité de sa décoration» et la jugea «parfaitement adapté à sa destination». Ceci prouve quelle valeur on octroyait, à l'époque, à l'ornementation du Grossglockner. Après la guerre de 1914 à 1918, on apposa sur la croix une inscription

di là, si contempla l'imponente massa del Grossglockner che si eleva per oltre mille metri, non si può non essere d'accordo con gli specialisti: è la montagna più alta dell'Austria, ma anche la più bella delle Alpi Orientali.
La prima ascensione fu fatta ad un inizio di secolo: il 28 luglio 1800 Martin e Sepp Klotz con due carpentieri di Heiligenblut raggiunsero la cima in compagnia del reverendo pastore Horasch da Döllach. L'ascensione,

che oggi viene fatta da un centinaio di persone nelle giornate di bel tempo, fu all'epoca una difficile impresa: tanto più che quegli uomini gagliardi trasportavano dei pesanti travi di legno con l'intenzione di erigere una croce sulla vetta. In ricordo di quella prima impresa sulle Alpi Orientali venne coniata una moneta raffigurante la montagna.
Due anni più tardi, una folgore colpiva quella croce che le tempeste precipitarono poi nell'abisso. Al suo posto venne innalzata, nel-

l'estate 1880, un'altra croce in ferro alta tre metri, ed esposta prima per molti giorni al pubblico viennese. L'imperatore stesso l'esaminò ed approvò «la semplicità della sua decorazione», giudicandola «perfettamente adatta alla sua destinazione». Questo prova quanto valore venne attribuito, all'epoca, a quell'ornamento del Grossglockner.
Dopo la guerra del 1915–1918, venne apposta su quella croce un'iscrizione in memoria degli alpinisti caduti al fronte poi, alla fine

der Anerkennung über die schmuckvolle Einfachheit und Zweckmäßigkeit» – der beste Beweis, welchen Stellenwert der Großglockner-Gipfelschmuck damals besaß. Nach dem Ersten Weltkrieg wurde das Kreuz in luftiger Höhe mit einer Widmung zum Andenken an die gefallenen Alpinisten versehen, und nach dem Zweiten Weltkrieg kam eine kleine Glocke als Ergänzung hinzu. Mögen Kreuz und Glocke fortan über ein friedliches Europa wachen!

en souvenir des alpinistes tombés au front, puis à la fin de la deuxième guerre mondiale, on compléta le tout par une petite cloche. Que la croix et la cloche continuent désormais à veiller sur une Europe pacifique!

della seconda guerra mondiale, si completò il tutto con una campanella.
Che quella croce e quella campana continuino a vegliare per sempre su un'Europa pacifica!

Klosterwappen, so heißt der ▶ mit 2075 m ü. M. höchste Punkt des Schneebergs.

Klosterwappen, ainsi s'appelle le sommet le plus élevé du massif du Schneeberg (2075 m).

La cima più alta dello Schneeberg a quota 2075 si chiama Klosterwappen.

◀ In der Bildmitte die breite Pyramide des Großvenedigers (3674 m; links im Hintergrund der Großglockner).

Au centre de la photo, la large pyramide du Grossvenediger (3674 m; à gauche, dans l'arrière-plan, le Grossglockner).

Nel centro della foto, la larga piramide del Grossvenediger (3674 m; a sinistra, in fondo, il Grossglockner).

◀◀ Eine Fahrt auf der Großglocknerstraße zählt zu den eindrücklichsten Naturerlebnissen. Standort der Panorama-Aufnahme ist die Edelweiß Spitze (2577 m ü. M.).

La route du Grossglockner est l'une des plus impressionnantes que l'on puisse emprunter en pleine nature. Photo panoramique prise depuis l'Edelweiss Spitze (2577 m).

Un viaggio sulla strada del Grossglockner offre uno dei più spettacolari panorami naturali. La fotografia panoramica è stata scattata dalla Edelweiss Spitze (2577 m s.l.m.).

SCHNEEBERG

Niederösterreichs höchster Berg spendet
den Wienern Wasser und Frischluft.

Le point culminant de la basse-Autriche
offre eau et air frais aux Viennois.

Il punto culminante della Bassa Austria
offre acqua ed aria fresca ai Viennesi.

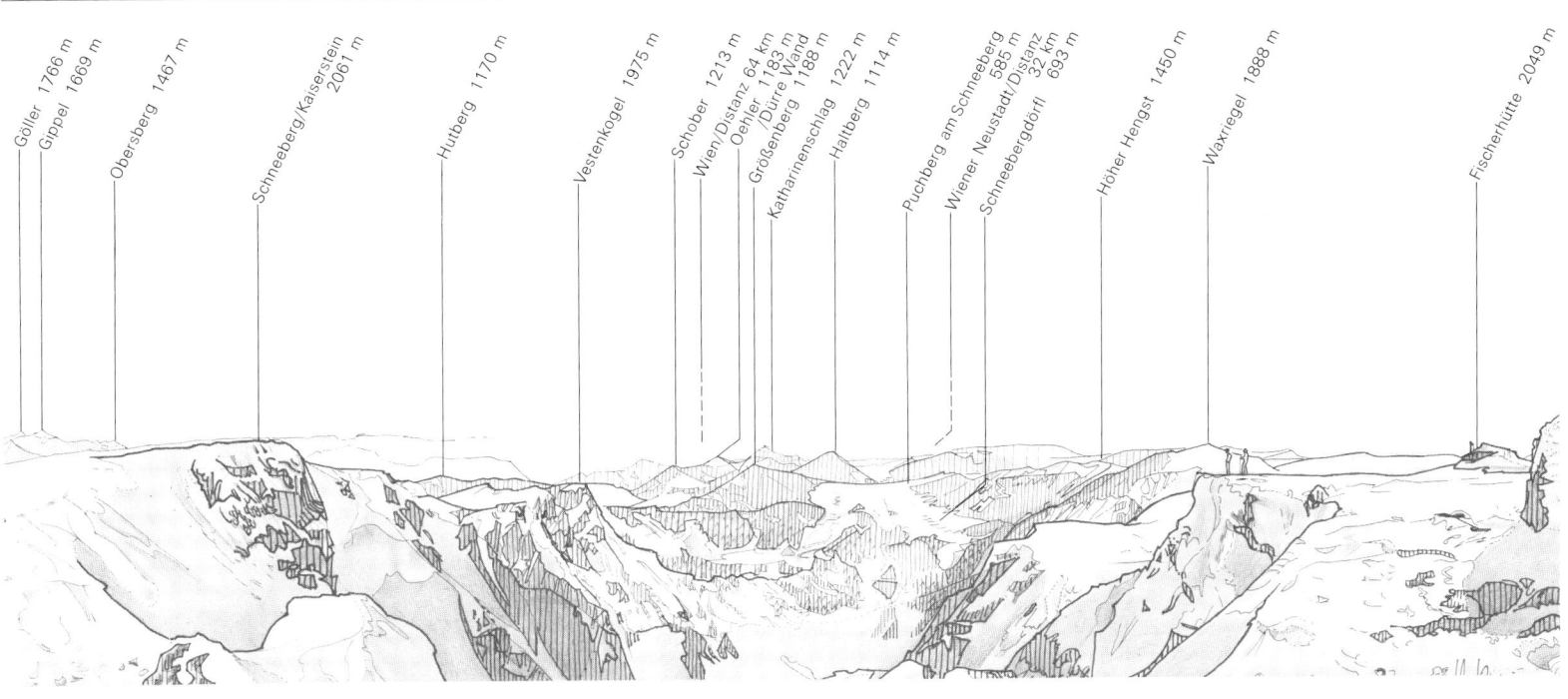

Göller 1766 m / Gippel 1669 m / Obersberg 1467 m / Schneeberg-Kaiserstein 2061 m / Hutberg 1170 m / Vestenkogel 1975 m / Schober 1213 m / Wien/Distanz 64 km / Oehler 1183 m / Dürre Wand 1188 m / Großenberg 1188 m / Katharinenschlag 1222 m / Haltberg 1114 m / Puchberg am Schneeberg 585 m / Wiener Neustadt/Distanz 32 km / Schneebergdörfl 693 m / Höher Hengst 1450 m / Waxriegel 1888 m / Fischerhütte 2049 m

Stellen wir uns vor: Nicht nur im äußersten Südwesten, in der Gegend zwischen Cannes und San Remo, stoßen die Alpen ans Meer, sondern auch im Nordosten. Tatsächlich war das Wiener Becken vor etwa 20 oder 15 Millionen Jahren durch einen heute verschwundenen Ozean bedeckt, und die Berge in Blickweite der österreichischen Hauptstadt tauchten ihre Füße ins Salzwasser.

Wo einst dieses vorgeschichtliche Molassemeer brandete, dehnt sich nun die Häuserflut. Eine Millionenschar von Menschen zieht zur Erholungssuche aus grauer Städte Mauern hinaus auf Niederösterreichs Gebirge. Klosterwappen heißt die höchste Erhebung (2075 m ü. M.) dieses Bundeslandes und bildet einen Gipfel des Schneebergs. Dieser Schneeberg wird oft auch Wiener Schneeberg genannt – zum einen, um ihn von den anderen «Schneebergen» im Fichtelgebirge, in den Sudeten, im Elbsandsteingebirge, im Böhmerwald, in den Vogesen und in Slowenien zu unterscheiden, zum andern aber auch, um zu zeigen, wer hier Besitzesansprüche stellt: eben die Wiener.

Sie beziehen nämlich seit 1873 einen Teil ihres Trinkwassers durch die, wie sie offiziell heißt, erste Wiener Hochquellenwasserleitung von der Schneebergkette. Außerdem ist die Gebirgsgruppe eines der beliebtesten Erholungsgebiete der Millionenstadt – dies nicht zuletzt dank der guten Erschließung durch die Schneebergbahn von Puchberg

Imaginons: Les Alpes rejoignent la mer non seulement à l'extrême Sud-Ouest, dans la région de Cannes et de San Remo, mais aussi au Nord-Est. En fait, le bassin viennois était recouvert, il y a quelques quinze ou vingt millions d'années, d'un océan aujourd'hui disparu, et des montagnes visibles de la capitale autrichienne plongeaient leurs pieds dans l'eau salée.

Là où autrefois déferlait cette mer de molasse préhistorique, s'étend aujourd'hui un vaste océan d'habitations. Les gens quittent par millions les murs gris de leurs villes pour aller se reposer dans les montagnes de la Basse-Autriche. La montagne la plus élevée de cette province s'appellé le «Klosterwappen» (2075 m) et constitue l'un des sommets du Schneeberg; celui-ci est souvent appelé «Wiener Schneeberg» (Schneeberg Viennois), d'une part pour le différencier des autres «Schneeberg» du massif du Fichtel, des Sudètes, du massif gréseux de l'Elbe, de la forêt de Bohême, des Vosges et de la Slovénie, et d'autre part aussi pour montrer que ce sont les Viennois qui peuvent en revendiquer la propriété.

Depuis 1873, en effet, ils reçoivent une partie de leur eau potable de la chaîne du Schneeberg, par la «première conduite viennoise d'eau de haute source», comme on l'appelle officiellement. En outre, le massif est l'un des lieux de détente favoris des habitants de la capitale. L'une des raisons principales en est

Proviamo ad immaginare che le Alpi non raggiungano il mare soltanto all'estremo sud-ovest, nelle regioni di Sanremo e Cannes, ma anche a nord-est. Non è una fantasia gratuita: Il bacino viennese era coperto, quindici o venti milioni di anni fa, da un oceano oggi scomparso, mentre le montagne visibili oggi dalla capitale austriaca tuffavano le loro pendici nell'acqua salata.

Là, dove in quei tempi remoti regnava il mare preistorico, s'estende oggi un oceano di abitazioni. La gente lascia volentieri le quattro mura grigie delle proprie abitazioni cittadine per andare a riposare sulle montagne della Bassa-Austria. Il rilievo più marcato di quella provincia si chiama Klosterwappen (2075 m) e forma una delle cime dello Schneeberg, che viene chiamato spesso «Wiener Schneeberg» (Schneeberg viennese) per differenziarlo dagli altri «Schneeberg» del massiccio di Fichtel, dei Sudeti, del massiccio dell'Elba, della foresta boema, dei Vosgi e della Slovenia; ma anche per dimostrare che sono i Viennesi a rivendicarne la proprietà.

Dal 1873, infatti, essi ricevono una parte della loro acqua potabile dalla Catena dello Schneeberg, per mezzo della «prima condotta viennese d'acqua d'alte sorgenti», come si chiama ufficialmente l'acquedotto. Il massiccio è inoltre uno dei luoghi di villeggiatura preferiti dagli abitanti della capitale. Una delle ragioni principali di tanta popolarità va certo accreditata alla sua facilità d'accesso

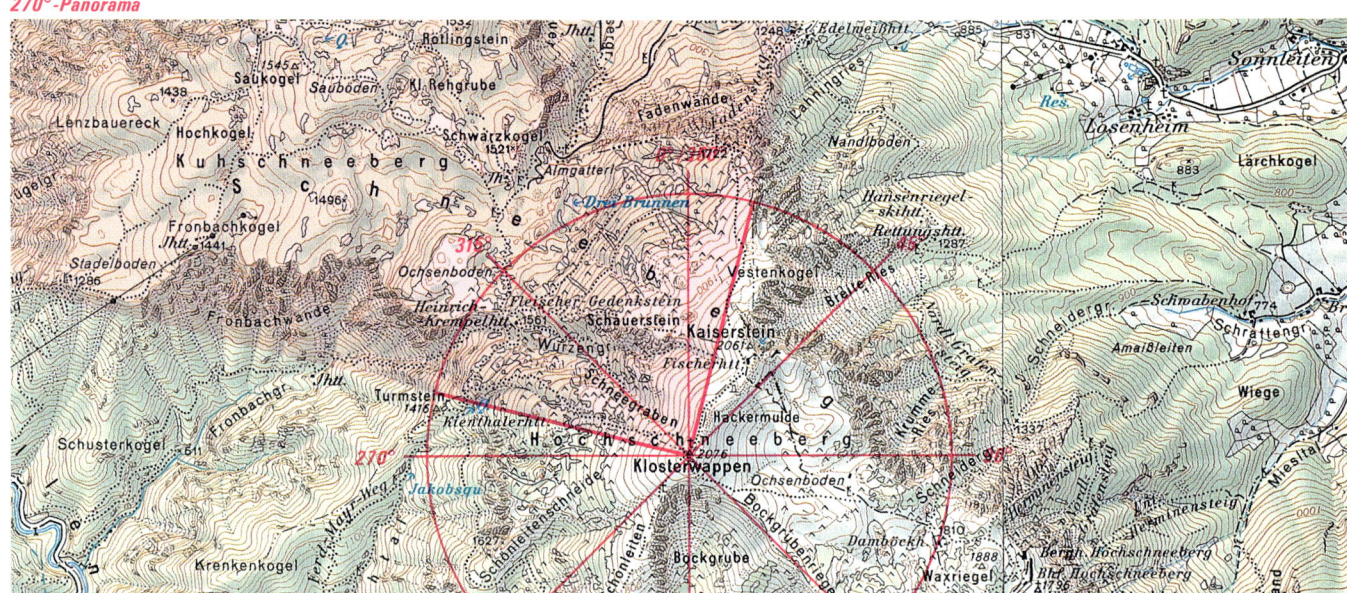

aus. Und schließlich halfen der Schneeberg und seine Nachbarn, die Rax im Südwesten sowie die Hohe Wand im Nordosten, die berühmte Wiener Schule des Alpinismus begründen. Mancher Pionier des 19. Jahrhunderts erlernte hier sein Handwerk. Zu den Charaktermerkmalen der Wiener Schule zählt die Bescheidenheit. Das Motto «mehr sein als scheinen» paßt auch vorzüglich zu ihrem Klettergarten vor den Toren Wiens: Selbst was nur knapp über 2000 m Meeres-

la facilité d'accès par le chemin de fer du Schneeberg au départ de Puchberg. Enfin le Schneeberg et ses voisins, la Rax au sud-ouest et la Hohe Wand au nord-est ont contribué à l'ouverture à Vienne de la célèbre Ecole d'Alpinisme. Plus d'un pionnier du XIXe siècle apprit ici son métier. Une des caractéristiques de l'Ecole de Vienne est la modestie. La devise «plus être que paraître» s'applique aussi remarquablement à l'école d'escalade située aux portes de Vienne: tout

con la ferrovia dello Schneeberg, con partenza da Puchberg. Lo Schneeberg ed i monti suoi vicini, la Rax a sud-ovest e la Hohe Wand a nord-est hanno contribuito alla nascita e all'affermazione della celebre scuola viennese di alpinismo. Più di un pioniere del XIX secolo vi ha imparato il mestiere. Una delle caratteristiche di quella scuola è la modestia; il motto «essere vale più che parere» si applica in modo meraviglioso a quella palestra di roccia situata alle porte di

◄◄ Auch im Alpinismus ist alles relativ: So sind die Savoyer stolz auf ihren Mont-Blanc (4807 m ü.M.) und die Niederösterreicher auf ihren Schneeberg (2075 m ü.M.). Der Name Schneeberg freilich trügt: Eine weiße Decke liegt hier nur zwischen Spätherbst und Frühsommer, ein gutes halbes Jahr lang. Und strenggenommen gilt der Schneeberg gar nicht als Berg, sondern als Berggruppe. Der höchste Gipfel mit – wie gesagt – 2075 m Meereshöhe heißt Klosterwappen. Dann gibt es noch Erhebungen mit so phantasievoll-poetischen Namen wie Kaiserstein, Kuhschneeberg und Saurüssel – nicht zu vergessen das düstere Höllental, welches die Schneeberg-Gruppe von der Rax im Südwesten trennt.
Der erste Bezwinger des Schneebergs ist nicht mit Namen überliefert. Es dürfte ein Hirte ohne alpinistische Ambitionen gewesen sein, denn das Gebirge wird, wie schon die Bezeichnung Kuhschneeberg andeutet, seit Urzeiten alpwirtschaftlich genutzt.

Même en alpinisme, tout est relatif: si les savoyards sont fiers de leur Mont-Blanc (4807 m), les habitants de la Basse-Autriche le sont tout autant de leur Schneeberg (2075 m). Schneeberg (montagne enneigée), cela est à vrai dire trompeur: elle n'est couverte de neige que six mois par an, de la fin de l'automne au début de l'été. En fait, le terme de Schneeberg ne s'applique pas à une montagne, mais à un massif. Le point culminant en est le Klosterwappen (2075 m). Il domine des collines aux noms pleins de charme et de poésie, comme le Kaiserstein, le Kuhschneeberg et le Saurüssel – sans oublier la sombre Höllental (vallée des enfers) qui sépare au sud-ouest le massif du Schneeberg de la Rax.

Le nom du premier ascensioniste du Schneeberg ne nous est pas parvenu. Ce peut très bien avoir été un berger sans ambition alpine, car le massif, comme l'indique le nom du Kuhschneeberg (montagne à vache enneigée) a depuis les temps anciens, une vocation d'alpage.

Anche nell'alpinismo tutto è relativo: se i valdostani sono fieri del loro Monte Bianco (4807 m), gli abitanti della Bassa-Austria lo sono altrettanto del loro Schneeberg (2075 m).
Schneeberg (montagna innevata) è un nome fuorviante: la neve vi appare per soli sei mesi all'anno, dalla fine d'ottobre all'inizio dell'estate. Il termine Schneeberg non si applica però ad una singola cima ma all'intero massiccio. Il punto culminante è il Klosterwappen (2075 m), che domina delle colline colme di denominazione poetica, come il Kaiserstein, il Kuhschneeberg e il Saurüssel, senza dimenticare la cupa Höllental (valle dell'inferno) che divide a sud-ovest il gruppo di Schneeberg dalla Rax.
Il nome del primo salitore dello Schneeberg non ci è giunto. Potrebbe essere stato un pastore senza ambizioni alpinistiche perché il massiccio, come indicato dal toponimo Kuhschneeberg (monte innevato per vacche) ha da tempi remoti una precisa vocazione pastorale.

Gollrad am Ostende des Hoch-
schwabs.

Gollrad, à l'extrémité orientale
du Hochschwab.

Gollrad al margine orientale
del Hochschwab.

höhe hinausragt, kann ein richtiger Berg
sein.
Tatsächlich darf man die Felsen der Berge
Niederösterreichs nicht bloß deshalb ge-
ringschätzen, weil sie von Wald statt von
Gletschern eingefaßt sind. Daß hier 1896 der
erste Bergrettungsdienst der Welt, der «Alpine Rettungsausschuß Wien», ins Leben
gerufen wurde, hat schon seinen guten
Grund – und daß die erste, damals sieben-
stufige, alpine Schwierigkeitsbewertung in

der Schneeberg-Region entstand, sollte jedes verächtliche Lächeln zum Verschwinden
bringen.
Geologisch ist der Schneeberg der Zugspitze eng verwandt. Wie diese besteht er zur
Hauptsache aus hartem Wettersteinkalk der
Trias. Während der Eiszeit war der Schneeberg teilweise vergletschert, wie die Kare des
Krummen und des Breiten Ries beweisen.

en ne dépassant qu'à peine 2000 mètres,
c'est une véritable montagne.
En fait, il ne faut pas mépriser les montagnes
de la Basse-Autriche parce qu'elles sont re-
couvertes de forêts et non de glaciers. Ce
n'est pas un hasard si c'est ici que l'on créa en
1896 le premier service de sauvetage en
montagne, le «Comité Viennois de Sauvetage Alpin»; c'est également dans la région
du Schneeberg que fut inventé le système
d'évaluation des difficultés d'escalade, ce

qui devrait faire disparaître tout sourire mo-
queur.
Du point de vue géologique, le Schneeberg
s'apparente étroitement à la Zugspitze.
Comme elle, il est composé essentiellement
du calcaire triasique dur du Wetterstein.
Pendant l'ère glaciaire, le Schneeberg fut en
partie recouvert par les glaciers, comme le
prouvent les cirques glaciaires du Krummes
Ries et du Breites Ries.

Vienna: pur non superando i 2000 metri essa
è una vera montagna.
Non bisogna disprezzare le montagne della
Bassa-Austria perché non sono ricoperte di
ghiacciai ma di foreste. Non è certo un caso
che proprio là, nel 1896, sia stato creato il
primo servizio di salvataggio in montagna, il
«Comitato Viennese di soccorso alpino»; né
che vi sia stato inventato il sistema di grada-
zione delle difficoltà su roccia. Queste due
sole considerazioni sono sufficienti a cancel-

lare ogni sorriso derisorio. Dal punto di vista
geologico, lo Schneeberg è stretto parente
della Zugspitze. Come quella è composto essenzialmente di calcare triassico duro di
Wetterstein. Durante l'era glaciale, lo
Schneeberg fu in parte ricoperto dai ghiacciai, come provato dai circhi glaciali di Krummes Ries e di Breites Ries.

Der Triglav in der Abendsonne. ▶
Die schwierige Nordwand dieses Berges wurde erst 1906 erstmals bestiegen – im strömenden Regen!

Derniers rayons sur le Triglav. La difficile paroi nord n'a été vaincu pour la première fois qu'en 1906 – sous une pluie battante!

Il Tricorno illuminato dagli ultimi raggi di sole della giornata. La prima scalata dell'impegnativa parete nord riuscì solo nel 1906 – sotto una pioggia scrosciante!

◀ Pribitz (1579 m ü. M.) spiegelt sich in der Pfarrerlacke bei Tragöß, Steiermark.

Non loin de Tragöss (Styrie), le Pribitz (1579 m) se reflète dans l'eau de l'étang de la Pfarrerlacke.

Pribitz (1579 m s.l.m.) si rispecchia nel «Pfarrerlacke» (laghetto del parroco) vicino a Tragöss, nella Stiria.

◀◀ Hier an der Hohen Wand bei Stollhof laufen die Alpen in die Ebene aus.

Près de Stollhof, à la Hohe Wand, les Alpes se terminent dans la plaine.

Le Alpi terminano alla Hohe Wand nei pressi di Stollhof, dove sfumano nella pianura.

TRIGLAV
TRICORNO

Goldhorn Zlatorog bewacht Jugoslawiens
heiligen Berg.

Zlatorog, la Corne d'Or, veille sur la
montagne sacrée de la Yougoslavie.

Zlatorog, il Corno d'Oro, veglia sulla
montagna sacra della Iugoslavia.

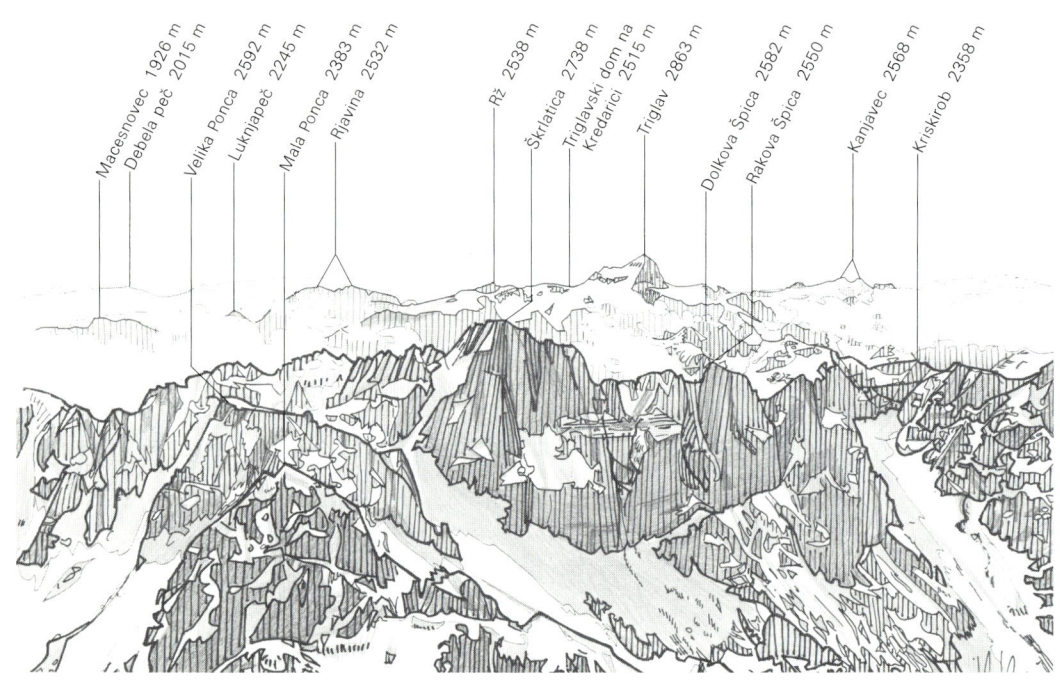

Macesnovec 1926 m
Debela peč 2015 m
Velika Ponca 2592 m
Luknjapeč 2245 m
Mala Ponca 2383 m
Rjavina 2532 m
Rž 2538 m
Škrlatica 2738 m
Triglavski dom na Kredarici 2515 m
Triglav 2863 m
Dolkova Špica 2582 m
Rakova Špica 2550 m
Kanjavec 2568 m
Kriskrob 2358 m

◀◀ Bis zuletzt war es Willi P. Burkhardt nicht möglich, eine Panorama-Aufnahme über dem Triglav-Gipfel vom Helikopter aus einzufangen. So entstand dann diese Flugaufnahme über dem Spik (2472 m ü. M.), Flughöhe ca. 2800 m ü. M.

Willi P. Burkhardt fut finalement contraint de renoncer à effectuer un cliché panoramique de la cime du Triglav depuis l'hélicoptère. C'est alors qu'il réalisa une photo aérienne du Spik (2472 m), altitude de vol 2800 m.

Willi P. Burkhardt non riuscì mai a fotografare dall'elicottero in visione panoramica la vetta del Triglav. Egli si rifece riprendendo dall'aereo questa immagine dello Spik (2472 m), da quota 2800 m circa.

Jugoslawiens höchster Berg (2863 m ü. M.), im äußersten Nordwesten des Landes gelegen, ist weit weniger leicht zugänglich als die meisten anderen Alpengipfel vergleichbarer Höhe. Die einsame, unwirtliche Gebirgslandschaft des Triglavs mit ihren schroffen Kalkklötzen (für geologisch Interessierte: Dachsteinkalk der Trias-Formation) hinterläßt einen tiefen Eindruck. Man versteht, warum die Jugoslawen – vor allem natürlich die Slowenen, deren Heimat er

überragt – den Triglav wie ein Heiligtum verehren. Der Bergname stammt aus der altslawischen Mythologie und bedeutet «Dreikopf». Noch heute soll, so erzählen die Anwohner, eine Sagengestalt namens Zlatorog den Gipfel bewachen (Zlatorog bedeutet Goldhorn). Nach ihm sind die Zlatorog-Bänder in der 1200 m hohen Triglav-Nordwand am Ende des Vrata-Tales benannt; sie erlauben eine horizontale Traversierung im IV. Schwierigkeitsgrad.

Bezüglich des Triglavs gibt es Liebeserklärungen einiger «harter» Männer. Dr. Matjaz Kmecl zitiert in seiner weltweit geschätzten Monographie «Schätze Sloweniens» (Ljubljana) J. Kugy: «Er ist kein Berg – sondern ein Königreich; viel mehr als die anderen erhebt er sich den Gotteshorizonten entgegen», ferner T. J. Langstaff: «Er ist Herrscher über die Welt der Träume; und es gibt keine Bergwelt, die ihm gleich wäre.»

«Gravir le Triglav est une vraie petite expédition. Mais c'est une si belle expérience. C'est une randonnée sérieuse», fait savoir le guide officiel du Triglav à la corporation des alpinistes.
Il est exact que la montagne la plus haute de Yougoslavie (2863 m), située à l'extrême nord-est, est bien plus facile d'accès que la plupart des autres sommets des Alpes d'altitude équivalente. Ce paysage de montagnes désertes et inhospitalières avec leurs blocs

de calcaire escarpés (pour ceux que la géologie intéresse: calcaire de Dachstein de formation triasique) est particulièrement impressionnant. Et l'on comprend pourquoi les yougoslaves – et surtout bien sûr les slovènes, dont il domine la patrie – honorent le Triglav comme un lieu sacré. Son nom vient de la mythologie slave et signifie «à trois têtes». Aujourd'hui encore, racontent les habitants, une figure de légende nommée Zlatorog veillerait sur le sommet (Zlatorog veut

dire corne d'or). C'est à lui que les vires Zlatorog doivent leur nom. Situées dans la face Nord du Triglav qui domine de ses 1200 mètres la vallée du Vrata, elles permettent une traversée horizontale de grande difficulté.
Alors que la première ascension du Triglav (que les voisins italiens appellent Tricorne) eut lieu relativement tôt (1778), la difficile face Nord ne fut vaincue que dans l'été 1906.

«Salire sul Triglav comporta una vera piccola spedizione, ma è una bellissima esperienza, una seria escursione», fa sapere la guida ufficiale del Triglav alla corporazione degli alpinisti.
È esatto affermare che l'accesso alla montagna più alta della Iugoslavia (2863 m), situata all'estremo nord-est, è meno agevole rispetto alla maggior parte delle altre cime alpine di altitudine equivalente. Quel paesaggio di monti deserti ed inospitali con i loro

scabri blocchi calcarei (per chi si interessa di geologia diciamo che si tratta di calcare di Dachstein di formazione triassica), è particolarmente impressionante. E si comprende perché gli iugoslavi, e soprattutto gli sloveni dei quali domina la patria, onorano il Triglav come un luogo sacro. Il suo nome viene dalla mitologia slava e significa «a tre teste». Ancora ai giorni nostri, narrano gli abitanti, una figura leggendaria chiamata Zlatorog veglierebbe sulla vetta (Zlatorog significa Corno

d'Oro). È a lui che le placche Zlatorog debbono il nome: situate nella valle di Vrata, esse presentano una traversata orizzontale di grande difficoltà.
Mentre la prima ascensione del Triglav (Tricorno in italiano) ebbe luogo relativamente presto (1778), la difficile parete nord fu vinta solo nell'estate del 1906.

Luzern

Titlis
3238 m

Interlaken

Finsteraarhorn
4274 m

Matterhorn/
M. Cervino/Cervin
4477 m

Chamonix

Zermatt

Mont-Blanc/
Monte Bianco
4807 m

Breuil–Cervinia

Courmayeur

Aosta

Gran Paradiso/Grand Paradis
4061 m

Grenoble

Les Ecrins
4102 m

Briançon

Cúneo

Cima d'Argentera
3297 m